WARUM ICH LOSGING, UM MILCH ZU KAUFEN, UND MIT EINEM FAHRRAD NACH HAUSE KAM

Was wirklich hinter unseren
Entscheidungen steckt

我想出门买早点，却骑了一辆单车回家

隐藏在职场与生活中的决策陷阱究竟是什么？

[德]约亨·马伊◎著　施庆华◎译

ZHEJIANG UNIVERSITY PRESS
浙江大学出版社

图书在版编目(CIP)数据

我想出门买早点,却骑了一辆单车回家:隐藏在职场与生活中的决策陷阱究竟是什么?/(德)约亨·马伊著;施庆华译. —杭州:浙江大学出版社,2020.11
ISBN 978-7-308-20008-0

Ⅰ.①我… Ⅱ.①约…②施… Ⅲ.①经济决策-通俗读物 Ⅳ.①F202-49

中国版本图书馆 CIP 数据核字(2020)第 025869 号

Title of the original edition:
Author:Jochen Mai
Title:Warum ich losging, um Milch zu kaufen, und mit einem Fahrrad nach Hause kam:
Was wirklich hinter unseren Entscheidungen steckt
Copyright @ 2016 dtv Verlagsgesellschaft mbH & Co. KG, Munich/Germany
Chinese language edition arranged through HERCULES Business & Culture
GmbH, Germany
著作权合同登记 图字:11-2019-375

我想出门买早点,却骑了一辆单车回家:
隐藏在职场与生活中的决策陷阱究竟是什么?
(德)约亨·马伊(Jochen Mai)　著
施庆华　译

策划编辑　董齐琪
责任编辑　卢　川
责任校对　闻晓虹
封面设计　卓义云天
出版发行　浙江大学出版社
　　　　　(杭州市天目山路 148 号　邮政编码 310007)
　　　　　(网址:http://www.zjupress.com)
排　　版　浙江时代出版服务有限公司
印　　刷　杭州钱江彩色印务有限公司
开　　本　880mm×1230mm　1/32
印　　张　6.625
字　　数　153 千
版 印 次　2020 年 11 月第 1 版　2020 年 11 月第 1 次印刷
书　　号　ISBN 978-7-308-20008-0
定　　价　45.00 元

目　录

第一章

做决定为何那么难?

停!停下来。不要继续读了……但你还是做出了决定——你继续往下读了(我当然支持你这么做)。问题来了:为什么你偏偏做了这样的决定,以及,你为此决定花了多久时间?

第一个问题相对容易回答:这本书的开头或许引发了你的好奇心。也许这开头正中你下怀,就像人家说的:"这么做就对了!"或者你正站在一家书店门口,翻着这本书,想着要不要买……又是一个要做决定的时刻!

依我说,你其实早就已经做决定了。你的理性只是在合理化这一切,以便这个决定看上去不那么突然、任性或情绪化,而是看上去很聪明,有经过一番权衡。

你不必觉得不好意思,因为我们大多数人其实常常这么做,尤其是当要做决定的时候。另一种常见的情况是,我们先下意识做了个决定,再用理性的思维机器进行一番处理,使这个决定最后看上去逻辑清晰又聪明,好给我们自己、最好的朋友、另一半、同事或上司一个交代。

有时我们也会改变主意,尤其当我们意识到这个决定经不起大脑严密思维的检验的时候。于是,我们说决定 A,但其实内心真正想要的是 B。或者,有时我们走进一家店,却买下了跟一开始的计划完全不同的东西。此时的情况可能会是这样的:你的潜意识和理性思维还在努力争取如何更好地合理化这一切，但你人已经站在收银台前排队结账了。

我们的日常生活中充满了需要做各种各样决定的时刻。有研究指出，我们每天大概要做两万种决定。这个数字可信与否不论，我们要做的决定的确是非常非常多的。你现在也许可以猜到，想要理性、有意识地做出每个决定，是件多么荒唐可笑的事情！光是时间就不允许。所以，我们大部分的决定必然是非常快速做出的。

事实上，从起床的那一刻起就开始了。更准确地说，是在之前。闹钟刚开始滴滴响，你的食指已经按到了"打盹儿模式"——一个明确的继续眯五分钟的决定。这个决定很好！有研究指出，这会让我们每天的清晨更好地开启。但这也意味着吃早餐的时间被压缩了。于是，第二杯咖啡你就不喝了。这又是一个决定。接着，你还要面对下一个、再下一个决定，接二连三地做决定。

一整天我们都在按照这个模式走。我们每天面临的决定和选项太多。幸好，大多数决定是下意识做出的，而且无关痛痒，不然我们可能要疯。尽管，有时候鸡毛蒜皮的事情和决定也可以把我们搞疯。

在职场中，我们常常遇到要做决定的时刻。有研究指出，60％的职场决定是有时间限制的。同事、上司或客户天生没耐性。他们期待迅速得到回馈——今天其实都晚了，最好是昨天就已经给他们了。人们或许会觉得，这种情况下做出错误决定的概率很高，潜在的（负面的）后果也更严重。但事实并非如此。

每一天，每一分钟，我们都在做决定。这看上去简单，但在心理学上，做决定的过程是非常复杂的。

事实上，人类不仅是自封的万物之灵，同时也是自欺欺人、创造自己想要的现实的大师。尤其当我们对自己不满意或者后悔自己做出的决定时，我们就会像瑞典童话《长袜子皮皮》(*Pippi Longstocking*)中唱的那样："我给自己创造这个世界，按照我想要的样子……"故事中讨人喜欢的小丫头这么唱是令人莞尔一笑的；但在现实生活中，这通常意味着(自我)失望、粉饰太平和自以为是。

对此，瑞典隆德大学的心理学家拉尔斯·霍尔(Lars Hall)和彼得·约翰逊(Petter Johansson)有个非常巧妙的实验，揭露了人们是如何自我欺骗的。

实验的问题是这样的：假设你可以从两个人中挑选伴侣，结果，你却没有挑中你本来中意的，你会察觉到吗？

"得了吧，这是什么蠢问题呀?!"你可能会这么想。你肯定会察觉出来的！心理学家霍尔和约翰逊通过实验得出的结论却并非如此。让人无语的是，即便受测者察觉到这和他们从照片中挑选的伴侣非常不一样，还是会坚持自己的选择是完美的。甚至，他们开始在别人面前捍卫自己的伴侣。

其中一位受测者信誓旦旦地说，他喜欢戴耳环的女性。然而，候选人中只有一位女性戴耳环，而且还是被他否决的那一位。另一位受测者说，女性脸上洋溢着的笑容对他来说是最重要的。然而，他最后选中的那张照片中的女性脸上一丝笑容都没有！

霍尔和约翰逊后来把这个现象命名为"选择盲目性"(choice blindness)。简单来说就是我们通常察觉不到自己犯错了，就算我们察觉到了，我们也不愿承认错误，而是说服自己(和他人)这是对的。

现在，请你想一下：为什么现在这份工作你做了那么久？虽然这份工作可以让你赚钱，但其实你并不觉得幸福。

德国人出了名地喜欢分析一切，尤其是批判性地分析。本质上，人们都喜欢没有自相矛盾的世界。自相矛盾的情境令人不舒服，甚至难以承受。这在专业术语上叫"认知失调"。当有不可调和的感受、想法、意见、态度、愿望或意图时，这种负面的情绪就会出来。所以，每当人们发觉另一个选项其实更好的时候，就会产生这种失调感。

为了避免这样的认知失调，让世界重归和谐，我们煞费苦心，想出很多办法。其中最常见的是马上修正自己的态度和立场，这样就能合理化已经做出的决定。

联邦德国前总理康拉德·阿登纳(Konrad Adenauer)曾经有这样一句著名的俏皮话："昨天我胡乱瞎说的，今天谁还在意?"今天说 A，明天可以说 B，就是这么简单。对于突然改变心意的原因，可能缺乏一个合理的解释。但是，又有什么解决办法是完美的呢?

不过，在政治圈或者在职场中，这样的操作有点危险。一个人如果经常"左"一下"右"一下，别人对他的信任感会大量流失。

除了上述这个简单的方法之外，还有第二个办法可以降低我们的失调感，那就是淡化或贬低事情的严重性。

我们常常能在烟民中观察到这样的现象。关于经常抽烟带来的健康风险，他们常反击道："生活本身就充满危险呀。说不定明天就让车给撞了! 反正得癌症的概率也不至于像通常宣称的那么高，毕竟有很多烟民活到很老。再说了，联邦德国另一位前总理赫尔穆特·施密特(Helmut Schmidt)听说过吧? 这个老烟枪抽烟几十载，最后也并不是因为肺癌走的!"你看到了，我们找到的借口可以说是无穷无尽的，就是为了避免我们产生认知失调感，并说服自己，使我们的决定合理化。

自测：面对认知失调，我会如何反应?

现在，你可以自己测试并体验一下认知失调的感觉。大哲学家、数学家和逻辑学家罗素曾经有个很妙的例子，即"理发师的悖论"(barber paradox)：

理发师规定,只给不给自己剃胡子的人(包括他自己)剃胡子。

现在,给自己一点时间,好好思考这么一个问题:理发师给自己剃胡子吗？

在这个思维实验中,回答这个问题会陷入一个极大的矛盾中。如果理发师给自己剃胡子,那么,他就不是个理发师,因为理发师只给不给自己剃胡子的人剃胡子。而一旦他不给自己剃,那他就得成为别的理发师的客户。

你意识到这里面的问题了吗？你现在是不是非常抗拒接受这个悖论,并煞费苦心地寻找被忽略的因素,以便找到解决方案？

我可以再给出另一个实验题,即"全能上帝悖论"(omnipotence paradox),论题是:

如果上帝全能的话,那他可以造一块重到连他都举不起来的石头。

现在你可能很快就感受到大脑里的一丝挣扎了吧。对全能的认知想象把我们的理性逼到了角落。我们或多或少知道这里面的含义,但还是无从具体地想象。此时,我们便常常陷入认知失调的情境中。

在日常生活中,我们必须面对并忍受这样的自相矛盾。但是,请不用担心。不仅是你,大多数人都在忍受,而且这是正常的。危险之处在于另一种情况——正由于这样的自相矛盾感让我们实在太不舒服了,于是,我们渴望立即拥有一个简单的解决方案。然而,这通常会导致我们做出真正错误的决定。

出路在于,你要有意识地察觉到自己的认知失调感,忍耐住,接受它本来的样子——一种心思被困扰的感觉,并相信这种感觉终将会过去。

然而，通常认知失调感会逼迫我们陷入一种非此即彼的境地。要自由还是安全感？秩序还是混乱？亲近还是疏离？信任还是控制？这背后暗藏了一种类似电子信息二进制的思维（0 或者 1），让我们忽略了两种选项有时候也是有可能并存的。有些看似对立的东西并非非此即彼，而是可以互相完美补充的。并不是做了这件事，另一件事就可以不用做了。原本是令人窒息的"非此即彼"的选项，现在我们可以得到一个宽松的"既是……也是……"的局面。

妥协是这类抉择中常见的出路，而且不一定是"50％、50％"意义上的中间道路。一个"80％、20％"的选择同样可以折中两个选项，达到最好的结果，最大化满足我们的需求。当然，也必须承认，知易行难。但这并不意味着就不可行。

在了解到上面的知识以后，我在这里提供三种建议，可以帮助你更好地做决定：

1. 停止追求"正确"的方法

"正确"的概念暗含已经有一个放诸四海而皆准的正确解决方案了。然而，我们日常生活中的很多决定完全不是如此。"正确"必须放在"对我而言正确"或"在此刻当下正确"的情境中。只要记住这个原则，我们就比较容易从过高的期待中解脱出来。

2. 告别非黑即白的思维模式

所有的概念类别（"不是……就是……""是还是否""正确还是错误"等）都会使我们陷入二元对立的思维中。我们不该把众多选项简单地理解成对立面，而是应该把它们视为一个整体。如此一来，你就不必为了一个选项放弃另一个，而是可以自由选择一条兼顾两个方面的道路。

3. 给自己更多的时间做决定

当下认为重要并正确的事情，明天却未必如此，因为周遭情况和事态都在变化。所以，更好的决定通常是我们深思熟虑后的结果，也即纳入对未来的考虑。这也意味着，我们此刻、当下就不做决定了。如此一来，我们也就摆脱了非此即彼的思维模式。永远会有个第三选项，那就是不去做任何决定，至少当下不做。这也是一种决定。而越是有意识地这样做，对我们也越有好处。

边缘系统和大脑皮层：每次做决定都有两个大脑系统参与

但是，让我们先来看一下，当我们面临抉择并要做决定时，我们的大脑发生了什么。

假设你正坐在去市中心的轻轨上，失神地望向窗外。突然，其他乘客开始在自己的包里掏啊掏。"请出示车票！"一个穿制服的男人走过来说道。你是否察觉到此刻在你心头涌现了一种极度不情愿的情绪？

你内心深处的警报器此刻铃声大作，你感到恐惧和隐约的害怕——被发现、被惩罚，或被请出轻轨，这样的情景在你脑中不停盘旋。有研究指出，你这个应激反应只花了 0.2 秒，但感觉上好像过了一辈子那么久。

其实，你这个反应可能完全不是理性的。你可能早就已经把票好好地放进皮夹或者夹克口袋里了，你根本没有逃票坐霸王车。然而，在听到"验票了"三个字的瞬间，大多数人依然会心头一惊。你的大脑把这样的情景识别为可能有潜在风险的，于是就发出了警告。这可能是过去的经历所致。也许你曾经逃票被抓，还付了一笔罚金；或者你有目睹过其他乘客逃票被抓，因此你不想重蹈覆辙。

无论如何，这种应激模式的源头其实非常古老。要理解这一点，我们得回到史前时代。

查票员就如同史前时代的剑齿虎。我们在它的地盘活动，在听到"验票了"三个字时，就好像听到剑齿虎的嘶吼声。而此时"罚金"就不是60欧元了，而是我们整条性命。谁要是遇见了这样的吃人兽，就得迅速做决定：是愣着不动、奋起搏斗还是拔腿逃跑？

为了生存，我们的大脑在这种情境下瞬间释放大量肾上腺素。在毫秒之内，这些肾上腺素进入血液，流向整个身体。同时，我们的心跳得更快了，肌肉中充满了酸性物质，糖和脂肪也蓄势待发。我们的身体和心灵处于非常警醒的状态，反应速度变得非常快，以至无须多加考虑就可以马上行动。这些潜意识里的决策机制迄今仍然影响着我们，有些人的性命也因此捡回来。

这部分的反应是由我们大脑的情绪中心"边缘系统"掌控的。脑科学家估算，这个边缘系统早在1亿5000万年前就发展起来了。从进化的角度来说，这个阶段同时也诞生了哺乳动物。因此，这个系统也被称为哺乳类动物脑。

研究表明，大脑的边缘系统是一个由情绪、驱动力和学习意愿等构成的整体。情绪是从边缘系统产生的，它实际上是所有知觉的守门人。每种刺激都要经过边缘环路，并在零点几秒内由情绪中心做出评估——例如当遭遇凶猛的大型猫科动物，听到虫子的嗡嗡声，或听到"验票了"三个字的时候。边缘系统将这些声音和画面加以整理后，立即将结果传输到身体，并引发上面描述的反应。

恐惧、愤怒、悲伤、喜悦、恶心或者惊讶——这六种人类具有的基本的情绪是由美国心理学家保罗·艾克曼（Paul Ekman）总结定义的。他的研究表明，无论是什么族裔的人，都普遍拥有这六种基本情绪。

研究也指出了边缘系统有个很大的弱点：在边缘系统的作用下，我们无法做出差异化的抉择。因为，这部分是由大脑的另一个区域负责的，也即大脑皮层，拉丁语称为 cortex。

大脑皮层是我们大脑最外层的组织。把交叠起来的皮层摊开来的话，大脑皮层有 2200 平方厘米，相当于两张 A4 纸平摊开来的大小。大脑皮层内有 150 亿个活跃神经细胞，结构极为复杂。也因此，它拥有非常强大的分析能力。这部分大脑区域具有权衡、比较和评估的功能。与边缘系统不同，大脑皮层的运作是理性的。大脑皮层在参与运作的决策过程时通常进行的是一番"成本效益分析"（cost-benefit-analysis），例如如何花最小的力气得到最大的效益。

现在请你想象一下，假如你现在要买辆新车，你的要求是必须价格实惠，但车况又要好点。你会怎么做决定呢？

大多数人会在网上搜索，阅读各种测评报告，比较不同型号，并且和亲友交谈讨论。这跟在压力情况下做出的决定完全不一样，会更审慎全面一些。

现在你可能会问了，为什么我们不用同样的审慎全面态度面对每个决定呢？我们大脑拥有这些聪明皮层派什么用场呀？是啊，这就是我一开始指出的问题所在了：这两个系统——边缘系统和大脑皮层——其实可以完美地相辅相成。当然，有时候它们也互相作对。

在有长毛象和剑齿虎嘶吼声的史前时代，让边缘系统来迅速做出决断并不是件坏事。如果我们每次都要在大脑里码上一个正负列表清单再决定是逃还是战的话，我们就不会进化到食物链的顶端，而会成为各种史前猛兽肚里的美食。大脑皮层做决定所需要的时间太长了，完全不能帮助我们逃生。

如今人类已经更加进化了，也更文明了（好吧，不是所有人），也产生了各式各样的文化。简言之，我们其实已经有了更多的时间来做审慎的决定。理论上是如此。然而，我们还无法摆脱生物进化中残留的痕迹，这两个系统——边缘系统和大脑皮层——在每个决策过程中依然暗自窃语。有时是一派祥和景象，但更常见的是大脑一团乱。

一个歌舞剧演员曾经这样生动地说道："数千年以来，人类好不容易从穴居人进化为可以征服宇宙的生灵。然而，只需两杯烈酒下肚，我们就又被打回穴居人的水准了。有时候，甚至只需一双鞋或者最新款的手机。"

无论如何，你现在至少更清楚自己可能出现矛盾的状态，而我们大脑的思维机器运作起来也会充满矛盾。我知道，这样的安慰实在太无力了，但这至少是个好的开始。

第二章

吃饭还是吃面？今天我懒得做决定……

决策疲劳和决策瘫痪是怎么回事？

对有些人来说，做决定是件天大的难事。他们声称自己不那么喜欢，甚至完全不喜欢做决定。大大小小的决定最好是推延，甚至彻底停摆：吃饭还是吃面？冰激凌还是巧克力？跟超市里那个性感的家伙搭讪还是回家做饭吃？

你大概可以想象，如果这些很不紧要的问题也能让人陷入深深的绝望，那么，当人生遇到真正重大的事情时，做决定会是多大的挑战。学术上把这种现象称为"决策疲劳"（decision fatigue）。

造成"决策疲劳"的原因其实是不确定性。我们不知道哪个决定是最好的，哪个能更好地满足我们的需求；或者更简单地说，我们根本不知道自己到底要的是什么。

不少人甚至期盼偶然、命运或者来自宇宙的神秘力量可以代劳，替他们做决定，然后事情就会迎刃而解。有时候这么做是行得通的，但大多数情况不然。

更糟糕的是，越是感受到不确定性，做决定就越难。因此，当我们可以判断无论做哪种决定其结果差别都不大时（例如吃饭还是吃面来喂饱肚子），我们就能相对快速地做决定。

然而，在选择另一半和职业上，就完全是另外一回事了。因为选择另一半和职业的不确定性更大，也相应会有很大的诱惑，让人宁可推迟做决定并继续等待，以便搜集足够的资讯，好让自己的判断更有把握。

尽管搜集、审核和评估所有的资讯可能会让人更乐于做决定，但是，也可能有反效果。对此，有个专业术语叫作"决策瘫痪"（decision paralysis）。

这个术语描述的是一种非常灾难性的局面：我们面对汹涌的资讯不知所措，不知道最好的选择是什么，结果陷入无止境的漩涡。我们持续不停地查找新的资讯，对比更多对决策其实并无用处的细节，然后期待着猴年马月终于可以见到曙光，做出决定。这其实是个错误的思维。

其实，每个人都可以在任何时间点做决定。如果有人声称做不到，那么他可能仅仅是潜意识里想拖延时间，而最明显的目的是不想现在确定下来。这是致命的错误！理由有两个：

一是即使往后拖，有些事情也并不会朝好的方向发展。相反，情况可能会更糟糕，而做决定会变得更艰难。换言之，不做决定本身就可能是个错误。

二是机会的大门会关闭。我们一生中有大量的机会是稍纵即逝的。如果不利用这狭窄的时间窗口，而是想着积攒更多的资讯（而这些资讯对提升决策质量又毫无作用），那么，事后会后悔几乎是必然的。

只要我们不定下来，我们就不必为某个特定抉择的结果负责了。在政界和商界，我们常常能观察到这种模糊策略。人们认为，如果对一个话题不明确表态，而是静观其变，看其他人怎么说、怎么做，就可以给人留下更好的印象。于是他们不作为，也不做什么决定，而是等待别人犯的第一个错误出现。这时候他们就可以很轻松地说："你太蠢了！要是我的话，肯定会做别的决定！"

用这样的思维模式思考的人越多,集体性的决策僵局就越可能出现。在商界和政界(尤其是临近选举的时候),如果负责人都宁愿"苦心"修炼忍耐的美德,等待别人踏出第一步,那么,这就可能导致政府或企业的彻底不作为及运作瘫痪。

这样的思维模式在政界或许有时还行得通,但是在商界,这往往会导致企业会被竞争对手反超,陷入不利局面,仅仅因为负责人没有对当下的情境做出快速的反应。

这时出现的英雄是这样的人:怀揣一颗热心,勇于做决定,把事情运转起来——即便在当下还没有搜集到完整的资讯,也可以预测可能的结果并提供绝对的确定性。

在个人生活中其实也是如此。关于这方面,本书后面的章节会有更详细的分析。

谁更容易做决定:男人还是女人?

当讨论谁更乐于做决定的时候,性别的议题是绕不过去的。那么,谁更容易做决定呢,男人还是女人?

问题的答案当然取决于问的对象是谁。根据男性杂志 *GQ* 登载,80%的男人认为,容易做出决定是男性性别重要的特征之一。不意外的是,另一份女性杂志针对女性填写的问卷调查得出了相反的结论。

其实,这两家多多少少都不那么中立,用了充满性别成见的话语来处理他们的数据资料。

证据 A:衣柜。"我真没衣服穿了。"这句话让每个男性听了都会唤醒赶紧逃的直觉反应,一如我们第一章提到的剑齿虎。对男性来说,这样的情境就是典型的女性没有做决定能力的证明。另外,更令人绝望的是,女人怎么可以对着感觉上有 217.4%满的一整箱的衣柜做出"没衣服穿了"的结论呢？她明明有很多，完全够了！

不过，一如硬币总有两面，同样的偏见也体现在反面的观点……

证据B：汽车。这个男性第二爱的玩具不仅象征着身份地位和年轻活力，同时，很可惜的是，也会让男人陷入决策瘫痪。当选车的时候，女性早早就务实地做做决定——要价格实惠，关键是可以把人安全又舒适地从A地运到B地。而男性不停地纠结：什么牌子？什么颜色？敞篷还是跑车？多少马力？多少轮毂尺寸？所有这些细节都会让男人花数天，甚至数周来钻研，而这些对女性来说都是不重要的。

这两个证据其实都来自陈旧刻板的性别印象。此时，我们必须仰赖科学研究来一劳永逸地厘清"哪个性别更容易做决定"这个问题。来自科学界的结论是：男性更容易做出决定。

当然，话要说在前头。男性也不必为此过于自豪，因为女性在其他一些方面（甚至可能是更重要的方面）更胜一筹。

不过，这里提到的男性容易做决定的结论跟我们常常提到的刻板影响和偏见无关。科学家们是从男性的大脑构造中找到了原因。

换言之，研究结果发现，男性并不是更擅长做决定，而是更擅长排除不必要的选项。而女性在这个决策过程中需要更多的时间来权衡利弊，也因此变得更难做决定。

男性易做抉择的能力源于其大脑的奖励系统——伏隔核。伏隔核位于前脑，大约在眼睛上方偏后位置，对我们非常重要。当我们在期待什么美好或正面积极的事情发生时，它负责给我们传递幸福快乐的感觉。可以说，伏隔核赐予我们生命中所有快乐的时刻。如果没有伏隔核，我们将无法感受到什么是幸福快乐。

这样的奖赏系统何时启动取决于性别及个体性格。例如，当男性看到曲线迷人又马力强劲的汽车时，这部分脑区域就特别活跃；我们最爱的音乐以及身边人的笑容也会让这个奖赏系统启动。

可惜的是，这个系统也有缺点。给予我们幸福快乐的这部分大脑区域同样也会让我们对某些事物上瘾。因此，在研究文献中，这个奖赏系统又被称为上瘾中心。

你一定记得我们前面提到的烟民的例子。对他们来说，戒烟实在是天大的难事。在这里，奖赏系统也在发挥着作用。烟可以引发积极的感觉，即便我们知道它会带来多可怕的后果。原因是烟草里面所含的尼古丁，它直接作用于大脑的奖赏系统，并释放出幸福感觉的荷尔蒙。所以，尼古丁容易引发上瘾的风险。大脑一旦习惯了这样快乐的感觉，并无意识地建立了联系，就会让人觉得："想要快乐的话，我就得去抽根烟！"

有趣的是，当男人们做出什么决定、排除什么选项的时候，大脑的这个区域也活跃起来了。也就是说，当男人缩小选项的时候，大脑用快乐的感觉鼓励了他们。他们的大脑仿佛在暗示说："干得漂亮！你把一个更烂的选项排除了。奖励你一颗荷尔蒙糖果吧！"

其结果是，男性不仅可以更快速地做出决定，在这之后也对自己的决定更深信不疑。这也难怪，此时幸福荷尔蒙正通过静脉流过全身呢。

造物主就是这么不公平。对女性来说，做决定显然需要花更多的工夫。这是因为，女性的大脑里虽然储存了必要的相关资讯，但是没有合适的情绪去推动做决定。让大脑分析、权衡、评估并缩小考虑的范围的过程不仅耗费大量时间，也不会产生愉悦的感觉。当女性排除一个个选项到达最后的决定时，她的大脑并不会有快乐的感觉。恰好相反，女性的身体在此刻没有体验到积极的感觉，反而有另外一种感受——自我怀疑。

不好意思，我又要回到之前那个关于刻板印象的例子了。不过，请你现在还是想象一下那个站在衣柜前的女士吧。她可能没有很有目的性地去做决定,相反,新冒出来的问题和自我怀疑让她越来越难做决定:"我今天真的要穿裙子吗?会不会显胖?会不会黑色裤子好点呢,看上去瘦点?我有没有可搭配的鞋子?哎呀,万一气候骤变,黑色会不会太热?这条裙子会给那个还挺好的男同事什么印象呢?"

当然了,这些思考和怀疑都是极端化的,描述也充满了偏见。不过,很多女性的决策过程就是这样的。对她们来说,忽视或排除一些选项以便快速得到和做出一个不那么复杂的结果和决定是很难的。为了让所有不确定性都尽在掌中,她们反复琢磨,直到把每个可能性的结果都考虑清楚。但这样的犹豫不决是有代价的,那就是耗费时间。

所以说,男人抱怨女人难以做决定,是有根据的。而同样的,女人抱怨男人行动不经思考、行事莽撞而冲动,也是有根据的。戴着各自性别的有色眼镜看,这些指控多多少少都有点道理。

然而,同样的一个事实是,男性还是女性谁更容易做决定,多多少少是先天就决定了的。男性和女性只是根据他们的大脑构造驱使的那样行事而已。

谁做的决定更好:男人还是女人?

如果你是一位男性,此时此刻,你很可能已经在为男性在决策上的优势而欢呼雀跃。这恐怕是个错误。现在,请深呼吸,因为你马上要经历一番认知失调……

事实上,有另一份学术研究报告用扎实的数据得出了另一个结论——女性可以做出更好的决定。

这个结论一部分可以从两性做决定的速度中找到原因。女性虽然需要更多的时间来确定她的决定,但是在整个过程中会更周密一些。

女性会搜集资讯，寻找优势和劣势，找到更多更丰富的资源来做出一个有把握的决定。而这必然会提高女性做出的决定正中靶心的概率。

在多数大公司男性占据了大部分管理层席位；但是许多研究指出，许多重大的决定权最好还是交到女性手中。

为何如此呢？原因是，男性和女性经理人在做决定时有不同的工作流程。位于加拿大的麦克马斯特大学德格鲁特商学院的一份研究报告调查了600位高管，其中75％为男性。这些男性经理人已经在职业上深耕多年，熟悉领导和经营方面的许多固定工作流程，同时在管理方面也有非常多的实战经验。这些当然有利于他们做决定——当有决定要做的时候，男性经理人通常会遵循那些久经考验的固定规则和传统流程，快速做出决定。

同时，问卷调查发现，男性经理人中有另一个共通点，那就是他们中的大部分是完全独自一人做决定的。人们可能会说，毕竟最后所有的责任还是会落到实质的负责人头上，他们不想在决策过程中被影响或者掺和进别人的意见也是情有可原的。

然而，后者可能恰恰会是更好的选项。跟男性经理人相反，女性经理人通常更仰赖合作和共赢的工作方式。她们不会把自己关在小屋子里独自做决定，而是试图在决策中纳入别的有关方面的视角和考虑。除此以外，她们不仅仅聚焦于决策给自己或公司带来什么效益，而且也把其他团体的利益纳入考虑。

其结果是，女性经理人是基于对各方都公平的共识而做出决定，因此可以令管理层、员工、资方、供应商和客户都同样感到满意。

长期的观察指出，男性和女性经理人的差异不仅仅在于"领导风格"的不同。女性经理人的处理方式会带来许多优势。或者，一如德格鲁特商学院的研究项目带头人克里斯·巴特（Chris Bart）指出的："我们目前已经得出结论，在高阶管理层中拥有更多女性的企业会有更好的长期效益。让更多女性进入管理层不仅是出于道德诉求，这么做更是聪明的决定，而且也更符合经济效益。拒绝这么做的企业其实是在背叛投资者的利益。"

巴特和他的团队并非唯一一个如此鲜明表达立场的。简单地说，女性拥有话语权的企业经济效益更好。固然，女性需要更长的时间来做出判断。但是，只要给予其充裕的时间，最后的结果终究是好的，这会让这些等待和决定所花的时间都值得。

抉择让人疲惫

心理学家凯瑟琳·沃斯(Kathleen Vohs)的一个研究发现，拥有太多选项的人会感到自己的心智难以负荷。在她的实验中，学生们被分为两组，一组测试前必须选课，另一组则直接进行测试，结果发现，前者的测试成绩要差于后者。

在第二个实验中，受测者也被分成甲、乙两组。甲组到购物中心做一系列购物决定后再接受数学测试；而乙组则直接被安排进行数学测试。结果显示，甲组比乙组犯更多的错误，因为他们无法集中注意力。

沃斯由此得出结论，无论是出于自愿还是压力，无论过程是否愉悦，做决定都消耗着我们的能量。因此，假如你一整天都精疲力尽而且做了各种大大小小的决定，最好不要安排在这一天做人生重大的决定，而是挪到第二天。睡饱的人做出的决定更明智。

这个现象其实每个人都可能曾经观察到。前一晚缺觉的话，次日的反应和做决定的速度就会大幅下降。而睡饱的人不仅做决定更快速，而且更有把握。这是法国健康经济学和管理研究中心（Centre for Health Economics and Administration Research）的维吉尼亚·高德特－凯瑞（Virginie Godet-Cayré）得出的研究结论。她对比了彻底睡饱、有点疲倦和彻底失眠的受测者后发现，每缺乏一小时睡眠，受测者就会冒更大的风险。

这个发现对交通安全和生活中的诸多领域都很有指导意义。在很多决策中，高估自己的能力或低估可能的结果都会带来致命的后果。

第三章

当我们做决定时,我们是在做什么?

你也许会想,这问题也太蠢了吧。我们常常读到,所谓决定就是在许多选项中做出选择。不过,这个定义太简化了,因为决策过程本身比这复杂得多。

做决定的过程中包含了理性和感性的抉择过程。人们审视自己的人生目标,纳入周围环境对自己的期待,评估所有选项的可能性并做出判断。当所有的过程结束之后,一个合适的选项跳出来,它可以满足自己和周遭环境的要求。这时,人们才做出决定。

所以,简单地把做决定定义为在诸多摊开的选项中选择一种是非常不精确的,也偏离现实,就好像把红酒定义为"一种葡萄酒做的饮料"一样。

为了进入这个问题的核心,我们需要下面这个复杂的图像来帮助理解我们的决策过程。

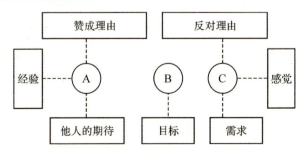

从上图可以看出,决定本身是自相矛盾的,因此有些行动指南其实仅仅适用于特定的情境。这可能让人很困惑,陷入之前我们所说的"认知失调"。不好意思,但为了能更好、更下意识地做出决定,了解这些是绕不过去的。我们必须把其中的关联和对立冲突揭露出来。为了便于理解,我们从决定的结尾——决定的结果出发。因为,在权衡、分析和挑选的过程中,有一个关于决定的典型特征,那就是:

每次做决定都是一场赌博

不可否认,把做决定和赌博类比会让人有点不习惯。然而,当我们分析赌博的核心特点时,就会发现赌博和做决定之间有很多相通之处——在赌博中(一如当做决定时),我们都会试图预测一个正面积极的结果。

至于你把钱放在赌马还是赌球上,并不是问题的关键。在赌博中,你的神经兴奋感不是被自己的某个特定的预测激发的,而是由于以下三个因素:

1. 时间

赌博的时间设定让你在一开始有很多自由空间。你可以自己决定提前多久开始动脑筋想要不要下注以及投注多少的问题。然而,到某个时间点上,比如球赛开哨或者跑马赛鸣枪声响起时,你就一定要做出决定,投下某个赌注了。如果犹疑不决,错过了某个时间点,结果就可能让人遗憾。从另一个角度来说,落子无悔,一旦下注,就得坚持到最后,看结果是否如你所愿。

2. 不确定性

无论你花了多久时间去思考，搜集分析了多少相关资料，听取了多少专家意见，最终你下赌注时依然不可能有完全的把握。每次下注依然还是有风险，事前全面地分析可以降低这些风险，但不可能彻底消除。

3. 概率

下注时的风险甚至是可以被计算出来的。风险越高，损失的可能性当然也越大，而相应的，赢的收益也越大。不敢下注的人赢不了钱；反之，敢下注的人才能赢钱。

做决定的过程也是这样的。在一开始，人们或多或少都有一些时间来权衡思考，接着在某个时间点又必须得做决定，然后期待这个决定会有预想的结果。当然，这里面总是会有一些风险。而风险越大，你期待的收益也可能越大。

然而，赌博和做决定其实有个区别。在赌博中，通常人们很快就知道自己赢了还是输了。但一个决定的结果有时候甚至要几年后才体现。基本上，这就增加了决定的风险。

而第二个关于抉择的典型特征是：

每个决定都是排除其他选项的结果

一个简单的问题：你今天是用哪支牙刷刷牙的？"当然是自己的，用其他人的牙刷也太恶心了吧。"你可能这样回答。不过，一如大多数人一样，你可能长年累月地使用同一款牙刷，软毛且带活动刷头的牙刷可能是你钟爱的款式。但如此一来，你其实把所有其他牙刷款式都排除在外了。

为什么我要跟你讲这些呢？在这些无关痛痒的决定中，做错决定当然不会引发重大的认知危机；但是，假如事情的重要性超过了选择哪款牙齿清洁工具，那就不一样了。例如在挑选伴侣的时候，你就能体会到这里的两难了。一旦我们接受一夫一妻制，那在法定婚姻里的另一半就只能是这个男人或女人。我们要许以永恒的爱和忠诚，然后，呃，其他人就都没机会了。理论上如此。

现在问题的关键来了：你对自己的决定有多满意？

令人惊讶的是，很少有人对他们的选择是满意的，更不用提长期来看了。做决定的那一刻，人们就会开始感觉到错过了什么。

愚蠢的是，我们通常在做决定时会更关注失去的东西，并为此感到哀伤，而不是欣喜自己得到的东西。在爱情中亦然。那些稀有的、不容易得到的东西，我们会特别向往拥有；而已经拥有的东西，会在我们的感知系统中迅速贬值。这样说来，我们人类还真是不折不扣的猎人和采集者。只不过在爱情方面，有的人是爱拈花惹草的猎色之徒；而在物质层面，有的人或许是热衷收藏各种鞋子的收藏家。

麻省理工学院的一位全球公认的行为经济学家和教授丹·艾瑞里（Dan Ariely）长期研究"害怕错过"的现象。

给他这项研究灵感的是他的一名学生妲娜。妲娜无法在两个追求她的男人中做出选择。她的恋爱长跑不是那么顺利，一开始激情的火苗现在已经灭了。她感觉，现在仅仅是出于习惯才跟她的男朋友在一起的。后来有一天，她认识了另一个男人并很快陷入热恋。但与此同时，她还是无法割断过去的恋爱关系。

艾瑞里觉得她的行为非常不明智，他想："为什么妲娜要冒着失去这份和新的男人在一起的幸福的可能性，仅仅因为她觉得可能有一天会更爱陪她恋爱长跑的那位男友?"

艾瑞里很肯定,妲娜不是唯一有这样困境的人。后来,艾瑞里和耶鲁大学的申智雄(Jiwoong Shin)教授一起设计了一个游戏实验,并在其中找到了答案。

这两位学者把妲娜的困境转化为一个名为"开门游戏"的电脑游戏。这个游戏是这样玩的:

在屏幕中,玩家可以看到有三扇不同颜色的门:蓝门、红门和绿门。点击一下鼠标就可以把三扇门的其中一扇打开,然后进入那个房间。在那个房间又有三扇门,还是蓝、红、绿的。在每扇门背后,放着不同金额的钱,可以让玩家收集。在游戏中,玩家的目标是在最多点击鼠标100次的条件下找到最多的钱,并找出背后藏着最多钱的门。

这个游戏其实挺简单的。然而,艾瑞里却从中观察到了一个现象:得到金钱最多的玩家会先冷静观察各个不同颜色的房间,然后发现在绿色门背后总是藏着更多钱,于是他们就只开绿色的门。对于这些玩家来说,把选项限制在一个上面一点都不困难。

然而,这个策略有个缺点,那就是,它不现实。在游戏中,玩家可以依照自己的内心喜好把所有的选项都尝试一遍,然后再做出选择。但在现实生活中,这样的机会是极罕见的,在伴侣选择上更是如此。

就像那个女学生妲娜。假如先跟校园里所有的男生交往,看下彼此是否有化学反应,然后再做出选择的话,这种生活恐怕会很糜烂,得到的名声可能也会很耐人寻味。再说了,不可能所有男人都会耐心等待妲娜,等她哪一天选择想跟自己在一起。

接着,艾瑞里修改了这个游戏规则:每个不被点击的门都会渐渐缩小,而当连续12次未被选中,它就会彻底消失。

结果是,玩家的行为大变。这一次,当玩家开启一扇门时,假设是红色门，他们发现蓝色和绿色的门变小了。于是，他们匆忙地一扇接着一扇门点击鼠标，仅仅为了不让它们消失。而玩家最终的目标——找出最多金额的钱——反而让位于他们此刻对失去的恐惧。其结果是，他们得到的钱明显更少，每人平均比之前的测试少了15％。

也就是说，如果克制不住冲动想要保留所有选项，我们会付出高昂的代价。我们不断从这个选项跳跃到那个选项，觉得这些都可能很重要；但在这个过程中，我们失去了把握真正重要的东西的能力。

选择题：让谁搭你的车？

说起无法把握住真正重要的事情的问题，有个很有趣的选择题。这个选择题曾经被用于美国的职场面试，后来还一度出现在由布鲁斯·威利斯（Bruce Willis）主演的电影《勇闯16街区》（16 Blocks）中：

想象现在是一个非常寒冷、狂风大作的危险的晚上，你在一条乡间公路上开着车。此时，你途径一个公交车站，看到那里站着三个人：

A. 一个老妇人，很明显快不行了，得赶快送去医院；

B. 一个老朋友，他曾经救过你一命；

C. 一个梦中情人，你这一辈子就在找这样的人。

这个难题在于，你只能搭救一个人。那么，你会让哪个人搭你的车呢？

直觉上，几乎所有人都会先想到老妇人，因为她如果不被救的话很可能会没命了。很显然这是最人道的决定。不过，真是如此吗？

那个老朋友，他毕竟给过你一个人情，现在他在召唤你的义务感。至于那个梦中情人，人的一生有多少次机会可以遇到真爱啊？错过这样的机会你可能会后悔一辈子。

这是个十足的道德难题。不过，事实上，这道题的目的是了解每个受测者的性格、决策能力和在极端环境下应变的创造力。这里并没有"正确"或"错误"的选项之分。那么，你会怎么选择呢？（好好想想，请不要马上继续往下读）

有个面试者的回答实在太有创意，甚至他的故事都传到了好莱坞。他提议说，把车借给那个老朋友开，让他送老妇人去医院，而他则陪他的梦中情人一起在车站等。机智啊！

有时候，超越表面上的障碍，我们反而可以得到更多。比如得到一份工作，甚至是一个梦中情人。

在养育下一代的过程中，父母们总是热衷于"保有更多可能选项"：钢琴课、英语课、跆拳道课、芭蕾舞课……有些父母在小孩才五岁的时候就开始让他奔波于各种教室。他们的信条是：我们家宝贝必须拥有最好的机会！结果，孩子的一天被精确地排得满满当当。

针对父母的这种心态该怎么办呢？

首先，父母可以阅读这本书，从中得到一些启发。我们了解到，人类会有一种非理性的冲动，想要把所有机会之窗都保留住。我们现在也知道，这样做的结果并不一定会更好。

其次，父母可以下意识去关闭那些仍然开放的机会之窗。自我管理专家把这称为"专注起来"。虽然这样一来你就会错过一些选项。但是，假如你如今的选择是让你专注于某件事情的，又有何损失呢？

专注起来并为一件事情做决定，就意味着放弃其他选项，但这是好事！毕竟，你做的每个决定都一定有你的理由。

👉抉择的陷阱：双重束缚(double bind)

在心理学中有一种抉择陷阱，以前常被催眠治疗师米尔顿·H.埃里克森(Milton H. Erickson)作为纯粹的治疗手段。如今，这个陷阱常常被用来作为一种修辞，形容人们无法逃脱的困境，也即"双重束缚"。

在这个陷阱中，人们想要的结果其实早已敲定，却假装让"受害者"看上去好像拥有从两个或三个选项中做出选择的权利。例如家长们就很喜欢下意识地把这个方法运用到小孩的教育中，他们问小孩："你想先做功课再玩呢，还是先玩个20分钟再做功课？"

无论怎样，功课总是要在接下去的半小时内做完，这个孩子其实没有真正的选择权。在我自己经营的一个博客中，我发现了安德烈亚斯·高格(Andreas Gauger)的案例，这个现象可能也出现在很多人的伴侣关系中：圣诞节到了，一位女性送给她丈夫两条领带。丈夫非常喜欢，第二天一大早就戴上了其中一条。妻子看到了，用狐疑的眼神打量了下，问他："另一条领带你是不喜欢吗？"

这个故事可能会让局外人莞尔一笑。但也仅仅是对局外人而言。事实上，这样基于"双重束缚"的沟通模式会给亲密关系带来沉重的负担，甚至随着时间的推移会给人际关系带来毁灭性的影响，无论是家庭关系还是职场关系。

这是因为，人们早晚会看出，对方给出的选择仅仅是浮于表面的，继而感到一种压迫性的欺骗。于是，人们会感到失望——看似得到了选项，实际却并不能自己做选择，继而陷入愤怒。对人际关系来说，这绝对是一剂毒药。

第四章
选项多寡对做决定的影响

选项越多越好吗？

色彩缤纷、形状大小不一的果酱瓶密密麻麻地陈列在架子上，摆满了整面墙。果酱瓶上贴着标签，上面有飞扬的字体和诱人的水果图案，比如草莓－大黄味、蓝莓－香草味、苹果－肉桂味。光看那些名字就让人口水直流，果酱就是这么受欢迎。

我们生活在物质的极乐世界。例如一家大型超市可以提供多达4万种商品，其中当然包括各种果酱。你会怎么做选择呢？你可能一边站在收银台前正要为草莓果酱结账，一边还在想，会不会桃子口味的其实更好呢……

当然了，也许面对果酱你并不会如此，你可能已经有偏好的口味了，但是这个困境是我们都熟悉的。选购东西有时会令人精疲力尽。例如挑选牛仔裤，如今做这个选择已经不再是5分钟就能解决的了，而是一门学问：超级紧身、高腰、九分裤还是微喇？用纽扣还是拉链？做旧还是水洗效果？……这么一来，谁还能做决定啊！显然，选项越多，我们就越难做决定。

纽约哥伦比亚大学心理学家希娜·艾扬格（Sheena Iyengar）和马

克·莱珀(Mark Lepper)在一个典型的超级星期六①做了一个实验，希望找出最佳的选项数量。在一家超市门口，他们摆上了一个小小的试吃摊位。

他们给路过的顾客试吃涂了不同果酱的吐司片。有时候顾客可以试吃6种果酱，有时候则是24种。很快，研究者就有了惊人的发现。可以涂较少果酱种类的吐司片只吸引了40％的顾客停下脚步，但其中有高达12％的顾客最后买了瓶果酱回家；然而可以涂更多果酱的吐司片吸引了60％的顾客停下脚步，种类繁多显然吸引了很多顾客停下脚步，但是其中只有不到2％的顾客最后买下了一瓶果酱。

我们常常希望有更多的选项，但与此同时，选项太多却又会让我们无法消受。这个悖论怎么解释呢？

选择很多是令人兴奋的事，我们找到中意的一款的概率会因此更高，这意味着潜在的收益也更大。但与此同时，做决定也需要花费更多的心力和时间，因为这里面的差异必须被仔细评估权衡过。这就是问题的关键了，一如谚语所说，"见树不见林"。

一个摆脱这种两难困境的诀窍是对选项进行分类。艾扬格和她的同行把果酱测试复制到了杂志选择上。在这个测试中，受测者必须从144种杂志中挑选出1种。尽管选项如此之多，受测者们明显更容易做出选择，而且事后还对自己的决定更满意。他们可以把杂志分为不同的种类，例如生活方式类、美食类、服饰类。如果有人只对服饰类感兴趣，那他其实就不是从144种杂志中选择，而是十几种而已。

那么，多少选项对我们来说是理想的呢？3种、10种还是更多？究竟有没有可能有个精确的数字呢？

---

① 和"黑色星期五"一样，也是购物日。

巴塞罗那庞培法布拉大学的经济学家埃琳娜·罗茨卡娅(Elena Reutskaja)和罗宾·霍格斯(Robin Hogarth)试图弄清楚这个问题。在他们的实验中,受测者需从颜色和形状各异的盒子中挑选出一款作为送给朋友的礼物的包装盒。

每一轮,罗茨卡娅和霍格斯都会增加盒子的数量。一开始受测者有 5 种盒子可选择,接下来 10 种、15 种,最后变成 30 种。实验的结果是,在有 10 种盒子可选择的时候,受测者明显比拥有 5 种盒子时更心满意足。然而,当 15 种盒子出现时,这种做决定的快感就迅速下降。而出现 30 种盒子的时候,受测者彻底迷失了方向。也就是说,最佳的选项数字其实是介于 5 和 10 之间。

那么,假设盒子的数量少于 5 呢? 俗话说的,"越少就越多",不是吗?

并不全然如此。当选项很少的时候,受测者明显比拥有 15 种选项时更不满意。原因是,选项过少跟选项过多一样都会让人无法招架,让做决定变得困难重重。

这里有个我朋友圈里的例子。我的朋友英格想买辆房车。在看过一圈之后,他有两种款式可选择,而且两种车型还很相似。几个月来他都思前想后。而最终当他做出决定的时候,暑假和秋假都已经过去了。英格固然后来入手了一辆房车。但是,跟家里人一起出外郊游的机会也已经错过了。他最后陷入了"布里丹的驴"(Buridan's ass)那样的情境——当然,结果比那个稍微要好些。

📥 布里丹的驴

有一头驴饿昏了。在寻找食物的过程中,它路过一个谷仓,在那里看到了两摞草。它愣住了,站在那里陷入抉择——该吃哪一摞草好呢？显然是更大的那一摞。它看了一眼,发现两摞草的量都差不多。那就挑离我更近的那一摞吧,驴子想。这也是很笨的主意,因为两摞草离它的距离一样。几个小时过去了,驴子还是无法做决定。最后,这头可怜的驴就趴在两摞草的中间,活活饿死了。

这个故事出自法国哲学家、物理学和逻辑学家让·布里丹(Jean Buridan)的笔下,因此这个故事被称为"布里丹的驴"(虽然这个故事本身其实并没有出现在他的著作中)。它体现了意志和理性之间的交互作用:假如理性无法做出明确的决定(吃左边还是右边的草),意志就会失去作用(我很饿,我要吃东西)。

两个故事都描绘了不作为的后果。驴子并没有想到自己会被饿死,而我的朋友英格也没有想到他的家庭原本可以在做决定这段时间出外郊游。两种选项的区别实在太小了,驴子不管吃哪摞草都可以解决饥饿;同样,无论选择哪款房车,英格可能都会满意。这两个决定其实原本该更爽快地去做才对。

那么,为什么他们做决定如此艰难呢？

问题通常出在各种选项都看上去差不多的时候。选项和选项之间越相似,我们做决定也就越困难。伦敦政经学院的经济学家芭芭拉·法索洛(Barbara Fasolo)有一个实验得出了这个结论。她发现,当人们在选择香草口味、草莓口味还是原味的酸奶时,会比选择草莓、覆盆子还是蓝莓口味的酸奶更容易。

由此可见,不仅选项的数量是关键,选项之间的差异性也很重要。假如我们可以发现选项之间很明显的差异,那么,做决定就容易多了。

诱饵效应:帮助做决定的选项

选项之间存在差异性固然可以帮助人们更快做决定,然而,把一个完全非正常的、没有可能性的选项加进去,也能促成人们做决定。

对此现象有个专业术语,叫"诱饵效应"(decoy effect),或者说"注意力转移法"。这个术语描述了这么一个现象:当增添一个看上去明显更糟糕,或者明显不可能的新选项(诱饵)时,我们做决定会变得更容易。

发现这个现象的是市场营销学家乔尔·休伯(Joel Huber)。早在 20 世纪 80 年代,他就做了个实验。受测者们必须在以下两个选项中选择:去一家距离非常远的五星级餐馆,还是去附近一家三星级餐馆? 但受测者无法评估这两者的品质如何。接着,休伯把第三个选项加了进来——一个距离最远的四星级餐馆。

本质上来说,这是个典型的无用信息。这个新的选项并没有帮助受测者更了解之前的那两家餐馆。但是,受测者却突然很肯定地可以做决定了——他们想去那家五星级餐馆。

即便新的那个选项并没有提供实质的新信息,它还是让抉择变得容易了。这个诱饵成为受测者比较既有选项的一把标尺。受测者们意识到,五星级那家是比三星级好的。这一点他们之前也知道,但是距离的劣势只有当第三个选项出现的时候才被抵消了。他们发现,原来还有比这更远的选项。

市场营销中常常运用这种诱饵效应。对有些产品来说,只有两个对购买决定起关键作用的因素:价格和质量。这时,行销者就会加入一个诱饵。这个诱饵并不是真正的选项,而仅仅是为了拉抬既有的某个选项的销量。

　　这里的诱饵商品明显比那些行销者真正想卖的选项更差。相较原有的选项,诱饵商品在某一个方面会更好,但在另一些方面会更差。

　　许多顾客会很快上钩,迅速掉进这个诱饵商品设下的陷阱,选择了行销者原本就想推销给他们的那个商品选项。

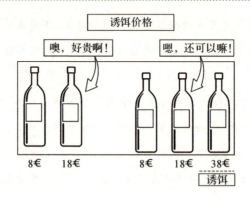

第五章
盲目行动或犹豫不决都是不好的

机长凡·赞顿的灾难决定

凡·赞顿(Jacob van Zanten)无疑是个兢兢业业的人。他抱持着清晰的价值观：守时、精确和诚信。这让他成为世界上最优秀、最有经验的飞行员之一。然而，一个太仓促的决定不仅摧毁了这一切，也让数百位乘客丧命。

宣传照上的他眼睛炯炯有神，友好地看向镜头，脸上挂着灿烂的笑容。那灰白的头发和脸上的皱纹暗示了他丰富的经验——这是一位已经累计11000飞行时数的飞行员。他穿着白色衬衫，戴着深蓝色领带以及金色肩章，这些暗示了他拥有高度的职业素养。他坐在飞行舱内，眼前是控制操作按钮和手柄，自信满满地看向镜头，仿佛在说："您好，我是您的机长。"谁会不信任这样的人呢？你肯定也会的！

也许正是出于这个原因，荷兰皇家航空公司(KLM)才决定把这位工龄最长的飞行员的照片登上机载杂志，用来给公司打广告："您的信任会得到十足的回报。"现在这句话看起来很讽刺，如果我们想起1977年3月27日发生的事……

这天，凡·赞顿驾驶着波音747莱茵号(Rijn)从阿姆斯特丹飞往加那利群岛，并在返程中将新的一批乘客带回荷兰。这已经是固定流程。但是在这一天,全变样了。

加那利群岛有个炸弹爆炸了,导致机场关闭。作为经验老到的机长,他当然不会因此大乱,更何况他刚结束了一个相关培训。于是,他飞到了临近的一个岛屿——特内里费(Teneriffa)。这个只有一个起降跑道的小机场在这天完全超负荷运作,因为所有飞往加那利群岛的度假飞机都转到这里降落了。当地机场的人力无法应付这个局面,于是不可避免地会有航班晚点的情况发生。

凡·赞顿希望尽快离开这里飞走,因为他法定的休息时间近在咫尺。如果不遵守休息时间的规定,他可能甚至会有牢狱之灾。但是,让自己以及全机乘客在这个旅馆房间几乎售罄的度假小岛上过夜也非他所愿。于是,他竭尽所能争取时间。一降落,他就马上给飞机补给加满油,好在之后的第一时间赶紧飞回荷兰。此时,机场上正飘着雾。要是这雾再厚一点,机场可能就会关闭了。

此时,凡·赞顿做出了一个后果非常严重的决定,他决定无论如何都要马上起飞。他被他的仓促蒙蔽了,这位经验老到的飞行员陷入了冲动行事的盲目中。

他把飞机滑向了起飞跑道。在迷雾蒙蒙中,他几乎看不清前方。副机长克拉斯·莫尔斯(Klass Meurs)多次劝阻他,提醒他塔台还没有发出可以起飞的指令。但是,凡·赞顿不听。他已经把飞机加速,打算起飞。于是就发生了这样的一幕:突然,他眼前冒出来一架不知从哪里来的美国泛美航空公司的波音747。转弯或刹停都不可能了。惊恐之下,凡·赞顿把飞机机头使劲往上拉。机尾在跑道上划出了深深的痕迹,蓝白相间的机头恰好擦过了泛美航空的飞机。几秒钟后,机尾割过另一架飞机的机顶。飞机继续飞了几米,接着就爆炸了。

这是个非常惨痛的案例,说明仓促而无脑的决定会带来什么后果。

不作为对于很多人来说太难了。他们甚至会觉得不作为是错的，于是就倾向于赶紧去做点什么，哪怕这时候并不需要马上做决定并行动。

有人称这个现象为"行动主义派"（actionism），专业术语称为"行动偏误"（action bias）。这也是我们猎人和采集者的石器时代残留下来的文化——只有那些可以积极行动、快速反应的人才能存活下来。淡定的态度其实是进化后的结果。尤其当一个情境全新又未知，无法准确评估的时候，我们就会很快倒回石器时代的行动模式，让"行动偏误"占了上风。于是，我们想着赶紧去做点什么，无论有用还是没用。

比如，当路上遇到塞车时，我们会频繁变换车道。但交通研究专家早就得出结论，这样做并无帮助。恰恰相反，频繁切换车道以及由于变道导致的频繁刹车会让原本的塞车更严重。在职场，我们在第一年工作不顺时就想着要不要跳槽，尽管在下一份工作中还是要再次通过试用期，而且也不能保证在新公司就不会发生现在所经历的事。

等待是一种美德，而且，也是一种抉择，尽管人们一开始不会想到这个选项。过激的行动会让事态变得更糟糕。幸好，大多数冲动的后果不至于像荷兰皇家航空公司的那位飞行员那样惨重。

英国学者做了一个研究，观察了警察在工作中静观其变的优点。在这项研究里，警察的任务是处理夜店门前的打架斗殴事件。结果研究人员发现，年轻、过于勤奋的警员通常会一到场就马上出手干预；而经验丰富的警员到场后，通常会先站在一旁观察。研究人员反复观察到了这个现象，并比较了两种不同的行为模式。结论是：当警察选择先静待一段时间时，通常，这些争端会自动平息，而且受伤的人也更少。

静观其变不仅听上去不容易，在实践中也非常难。遇到紧急事件我们常常是热锅上的蚂蚁，希望所有事情最好是"全部—现在—马上"都搞定。对于有些事情来说，这样的仓促行事是致命的。这门艺术的精髓就在于，判断什么时候该静观其变，什么时候该马上行动。

犹豫不决怎么办？

想要做出完美决定的自我要求常常会给我们带来巨大的压力。有些人可以很好地处理这种压力，最后给出最好的表现；另一些人则感到压力过大，因而索性就瘫着不动了——或者把事情不停往后挪。就像美国心理学家威廉·詹姆斯（William James）说的："如果你必须现在就做出一个决定，但又不去做，那其实这也是种决定。"这话听起来是个悖论，而且很多人并不会意识到。

不做决定可能和正式做出某个决定得到一样的结果。例如，在一长串精疲力尽的讨价还价后，跳蚤市场的商家最后问你一句："这把老椅子你到底买不买？"在这个句子里，你可以从两个选项中挑选一个，或者你最后不去做选择，离开这个摊位径直往前走。在这里，"不去做选择"其实跟第二个选项的结果是一样的：你不买这把椅子。

你或许可以修正自己的答案，这样"不选择"就可以成为摆脱商家的这番（销售）话术的有力一击："我很想买这把椅子啊，但不是这个价钱。"有意识地把被忽视的其他选项摆进来非常重要，因为不是每个让你做选择的人都一心为了你好。你可能还记得，第三章我们提到过的决策陷阱"双重束缚"。

然而，必须说，不去做决定本身是一个选项，但是也可能会有很不好的后果。这背后隐藏着的是拖延战术，是对责任和后果的恐惧以及相对应的决策力薄弱。

有句话说得好："你永远不知道你能多强大，直到强大是你的唯一选择。"

犹豫不决是对成功和自我发展的最大阻碍之一。常常犹豫不决的人会因此失去时间,也失去别人对自己的尊重,甚至让人心生不满。

人生中的许多领域都需要自己掌舵。例如,你必须决定要不要小孩,买房还是租房,住在城市还是农村……而你的伴侣、家庭和你自己也期待着你能够承担责任,有自己的主见并且做出决定。生活不外乎就是不停地做新的决定,一辈子都是这样。

因此,出于不想负责任或承担结果而不去做决定的人,最终会失去对人生的控制。乍看来说,不做决定还蛮舒服的。("看看吧,看事情怎么发展。")偶一为之其实也挺合理的。但如果持续这样,那么人就会变得像是被操控的提线木偶一样,不再是有自发行动力的人,而只能随波逐流了。

那么,该怎样应对内心涌现出来的犹豫不决呢?首先,你必须摆脱的是希望每个决定都要非常完美的念头。除此以外,我也给那些实在犹豫不决的人提供以下方法,在下一次做决定时可以派上用场。

1. 不要给自己施压了

你知道登山者是如何攀上高峰的吗?只能一个台阶一个台阶地往上走。如果他一开始就站在山脚仰视,想着,"天呐!这山太高了!"那他可能很快就打道回府了。为了避免这种情况发生,你应该把山巅给你的压力解除,让自己一步一个脚印地往前走。

2. 不要上纲上线了

有时候,我们把问题搞得好像严重得跟生死抉择一样,尽管仅仅是考虑下一辆车要买黑的还是金属蓝这一类问题而已。人们钻牛角尖时会忽略事情真正的关键。你必须明白自己要做的决定最关键的究竟是什么。

3. 停止不停搜寻

一旦你找到一个还算满意的选项时，就定下来吧，不要再不停琢磨了。专业术语上，这叫作"次优理论"。这就好像在旅途中找漂亮的休憩地点一样。你已经开车好几个小时了，需要休息一下，此时也找到了一个合适的地方。但是你没停下，还是继续往前开。你心里想着，也许下一个路口有更漂亮的地点呢！无意识地，你希望找到最好的地方，于是你继续把车往前开。为了避免这种情况，你可以在发现有个地方你感觉还蛮喜欢的时候，就马上停下车。就这么简单。你会发现，这感觉其实还不错。

4. 不要一直想着避免犯错

期许自己做出完美决定的人多半也希望自己少犯错。这种"零错误容忍"也在我们的社会中非常流行。工作中一次失败的客户交谈或者一次粗心大意都可能导致客户和订单的流失。这些事情常有发生。但是，犯错是人性的一部分。你不该因为有可能犯错就不去做决定。一如古希腊哲学家德谟克利特（Demokrit）曾经说的，"行动始于勇气，终于幸福"。

当然，如何运用上面四种方法，取决于你是哪种决策性格的人。美国心理学家巴里·施瓦茨（Barry Schwartz）提出了两种人格理论：完美主义者和知足者。

完美主义者抱持着"要么最好，要么就啥都不是"的态度。例如在做出购买决定之前，他们会仔细研究所有的产品测试和客户使用分享，穷尽能找到的所有商家获取报价。尽管如此，他们在做决定的过程中还是常常被自我怀疑给击败。他们总觉得什么地方还会有更好的报价和产品。于是,完美主义者常常陷入决策瘫痪,拖延决定。与知足者相比,他们在客观上是做出了更好的决定,但是在感受上,他们通常比知足者更不满意。他们最大的优点是不会轻易放弃,会努力利用既有的条件得到最好的结果。

知足者可以接受人生中并不总是能得到最好的。他们认为,好就可以了,不必是最好的。于是,一旦找到符合自我标准的选项,就不再继续追寻了。他们意识到,在某个时间点,不停搜集信息已经无助于做决定了,只会让人更费劲。与此同时,他们在事后也很少自我怀疑。不过,这不意味着他们的野心没有完美主义者那么大。他们只是知道自己要什么,以及什么时候可以适可而止。

现在,你可以思考一下自己属于哪种决策人格?下面的心理测验基于施瓦茨的研究,可以给你一些线索。

心理测验:我是一个完美主义者还是知足者?

请仔细阅读以下 13 种观点,并评估你的符合程度。(最符合的 7 分,最不符合的 1 分)

	1	2	3	4	5	6	7
我总在脑海里权衡各种可能性,而且不管这些是否真的有实现的可能。							
我对现在的工作虽然还算满意,但是我还是同时在关注别的工作职缺。							
看电视时,就算我正在看一个节目,也习惯了频繁切换频道。							
上网时,我习惯了不停从一个页面跳到另一个页面。							

续表

	1	2	3	4	5	6	7
我的感情关系从来不长久，我现在还没找到另一半。							
要我做决定的话，得给我时间。我需要很长时间才能确定心意。							
挑选看哪部电影对我来说是件很难的事情，那部电影必须要值回票价。							
买衣服我总是花很长时间，买到中意的衣服好难。							
我很喜欢排行榜，例如《明镜周刊》畅销排行榜。							
在写生日卡片的时候，我总是反复修改，找不到最好的措辞。							
对于电视、咖啡机和汽车这类商品，我只想要最好的。							
不管做什么事，我的标准都是最高的。							
我很喜欢想象假如某些事改变的话，我的人生会有怎样一番别的发展。							

打钩完毕？现在，请把所有的数字加起来，然后把总数再除以13，得到一个平均数：

- 假如你的分数在 4.75 及以上的话，你是一个完美主义者；
- 假如你的分数是 3.25 的话，你是一个知足者；
- 假如你的分数介于 3.25 和 4.75 之间，那么你是混合型。

在知道自己属于哪种决策人格后，我们就可以更好地理解为什么有些决定会让一个人倍感受挫。

施瓦茨深入追踪了两种决策人格的行为。他调查了 11 所大学的 500 名学生，他们刚完成学业，即将面临择业的问题。

完美主义者通过电子邮箱发送了非常多份简历，有些人甚至发送了 1000 多份。而知足者发送的简历明显更少,有些人甚至只投了一家公司。

过了几个月,施瓦茨再次联系了这些学生,了解他们找工作的情况。完美主义者的工作找得都不错,他们的起薪比知足者足足高出了 20%。

不过,除此以外,施瓦茨还有另一个发现。尽管完美主义客观上得到了更好的工作,也赚得更多,但是他们明显比知足者更不满。同样,完美主义者也表示,在整个找工作的过程中感到压力很大,精疲力尽。

我们的人格特质决定了我们会是什么类型的决策者,两种类型都各有优劣。在要做重要决定的时候,例如选工作或择偶时,了解自己属于何种决策类型是明智的。我们可以尝试着像和自己不同的另一个决策类型的人那样去思考和行动,或许会有不错的结果。完美主义者需要自我检视的是,"我费了那么多工夫到底值不值? 还是到最后只剩下压力和疲惫?"知足者要问一下自己,"我会不会太早放弃了? 会不会再多走几步更有收获?"

第六章
把决定权委派给他人的艺术

习惯：无意识地把决定权委派出去

大堤之子乐团（Deichkind）有首歌这么唱道："所有事都自己来。噢，噢，所有事都自己做太落伍了。我让别人来替我做！"现实世界要是真这么美好就好了。我们每天要做出无数个决定，因此，有想把一部分决定权交给别人这样的想法也是情理之中的。不过，我们真的可以把决定权委派出去吗？

当然可以！而且，你其实已经这么做了。

有意识地去做每个决定是不可能的，大脑肯定吃不消。事实上，我们做出的大多数决定已经程式化了。一开始做出的决定属于有意识行为，后来重复多了就变成了习惯。

习惯是无意识、自动进行的一种行为模式。在一定时空条件下，反复发生的事情在大脑中建立了联系，由此产生了习惯。

神经科学家指出，在大脑皮层下有一个管理习惯的大脑区域，被称为基底核（basal ganglia）。每当我们顺利完成一件事，与之相关的大脑信号就会传送到大脑内部，最后抵达基底核，在基底核处形成一种程式。

哈佛大学教授杰拉尔·萨尔特曼（Gerald Zaltman）研究发现，我们在日常生活中做出的95％的决定都是一种无意识习惯，大脑没有进入有意识的思考层面。

例如，出于习惯，我们会把脏盘子放在厨房的水槽里搁一会儿，而不是马上放进洗碗机；我们去公司永远走同一条路，而上班第一件事总是去泡一杯咖啡。这些习惯是非常经济且高效的，可以防止我们在琐碎的事情上耗费不必要的精力。

也正因为有了这些习惯，我们的意识层面不需要再关注它们，可以思考别的事情，比如一边开车去上班，一边思考如何解决目前碰到的某个问题。有时候，我们都已经开到公司的停车场了，也想到了解决方案，却想不起来在刚刚经过的路口遇到的到底是红灯还是绿灯。

习惯可以为我们的生活带来稳定性，但我们的大脑无法判断什么是好习惯，什么是坏习惯。每次根据习惯行事，大脑会释放出一种对情绪有奖励效果的信息素（pheromone），即便那些习惯从长远来看对身体是有害的。因此，改变坏习惯就会变得非常艰难且费力，例如戒烟。

关于改掉坏习惯有多难，你可以做以下这个小测验感受一下。

请你双手合十，做出祈祷的手势。手指互相交叉，两个大拇指一个覆在另一个上面。

好了吗？那么，现在请你把两个大拇指的上下位置互换。

感觉怎样？不习惯是吗？或许你还会觉得不舒服，甚至认为这样做是不对的。

美国心理学家道娜·马尔科娃（Dawna Markova）的一项研究发现，我们需要大概两周的时间来适应新手势。在这期间，大脑不停发出警报："有啥不对劲！"而这仅仅因为两个大拇指不是按以前的习惯叠在一起。实在难以想象，如果我们试图改变的是更重要的习惯，结果会是怎样。

有意识地把决定权委派出去

在生活中我们的大部分决定都在大脑无意识状态下由日常习惯和程式包办。其实,剩下的那些决定也可以委派出去,因为我们如今互联网和各种服务产业发达,劳动分工日益精细化。

我自己经营网站和互联网企业,常常接触到这些新兴产业,也经常有机会做一些产品测试,比如我测试过一家专门给客人提供穿衣搭配推荐服务的网店。前不久,我收到了一个白色的纸箱,上面绑着一条白色的丝带。里面的衣物折叠得非常整齐:一件条纹衬衫、一件羊毛开衫以及一条米色牛仔裤。这套搭配就是我的新款休闲穿搭了。

不过,这些决定不是我做的,是有人代劳了,这套搭配是一家网店的时尚咨询师替我挑的。我个人认为这类网店在服装风格分类方面做的工作非常粗略,时尚咨询师只要按照模板搭配,然后发送给顾客即可。

"私人定制线上导购"(curated shopping)是如今的潮流,耗费大量时间和精力挑选并搭配衣服的过程可以省去了。"我明天该穿什么?"这个经典难题就让别人代为解决吧,我们只要看到呈现出来的结果就行。很实用! 我们大可以把这些用来挑选和比对的时间和精力用在别的地方。

然而,我们习惯性地把决定权交给别人,却很少会问究竟为什么愿意让别人来替我们做决定。

第一个原因显然是这样做可以节省时间和精力。每天处在紧张忙碌状态中的人非常愿意使用这种服务模式。

除此之外,也因为我们时常需要仰赖别人的专业性。有时候,我们就是不敢做出某个决定,例如是应该读侦探小说、科幻小说,还是实用指南或人物传记？好吧，关于图书的类型，大多数人多少有些了解，知道自己的喜好。但是，对一些完全不熟悉的领域，我们就没那么有信心能独立做决定了。

迄今我还记得在加利福尼亚州的一次长达三周的旅行。我开车沿着西海岸的加州一号公路，从旧金山出发，经过大苏尔，然后经过圣巴巴拉和洛杉矶，最后到达墨西哥边境的圣地亚哥。这条路线虽然沿途风景美丽，但所经城市的物价却并不"美丽"。在加利福尼亚州，像样的食物价格太高昂，而价格实惠的又很难找。如果没有当地朋友做向导，我们就得碰运气，寄望于去的餐馆恰好物美价廉，或者在网上找找看是否有帮助做选择的相关信息。

幸好，加利福尼亚州的大街小巷都配备了免费无线网络。我们可以用 Yelp（美国最大点评网站）搜索各大餐馆信息，从用户评价推断各家餐馆口感的好坏。这种时候，用户评价要比某些自以为是的专家的意见有用得多。如果有 63 个人说街角的那家餐馆晚餐非常可口，那么这家餐馆的食物口感通常不会差。这个多数人的好评增加了我们对这家餐馆的信任度。

不过，在看病等场合，我们最好还是听专家的意见，在决策过程中仰赖专家累积的知识和经验可以避免自己犯错。

有时候，把决定权交出去也会让我们选到一个完全意想不到的选项。德国科隆的"看不见酒吧"（unsicht-Bar）就是一个很好的例子。顾客在一片漆黑的环境中用餐，只能听、闻、品尝并感觉。由于看不见，不会被视觉分散注意力。至于具体的餐食，顾客只能做一个选择——希望食物中是含鸡肉、牛肉、鱼肉还是素菜的，除此以外就由厨师自由发挥了。最后呈现在顾客面前的菜色往往出人意料——在大多数情况下是惊喜。如此一来，顾客就可以享受到在亮堂的餐馆里自己绝对不会主动点的美食了。

不过,把决定权交给别人的同时意味着你对对方的信任可能会被利用。所以,不盲目把决定权交给别人是很重要的。那些我们愿意给予信任的人最好还是符合一些特定的条件。加利福尼亚州立大学的心理学教授罗伯特·莱文(Robert Levine)认为以下三个标准至关重要。

1. 专业度

我们信任的人必须表现出他的专业度,例如医生必须精于他的专业领域。同样重要的是对方展现的仪容和谈吐,那些专业能力强又自信满满的人总能让我们更信服。学者邦尼·埃里克森(Bonnie Erikson)对法庭辩论进行了一番研究,得到了类似的结论。法庭几乎总是更愿意相信那些可以直视他人眼睛并滔滔不绝地阐述证词的证人,而不是那些说话吞吞吐吐的证人。不过,自信的仪态也很可能是一种假象,还有那些象征身份的头衔、有品位的打扮和良好的谈吐等都可能掩盖实际上的能力欠缺。这一点请你好好记下来。

2. 可信度

与丰富的专业知识和常识不同,可信度是没有灰色地带的。一个人要么是可信的,要么是不可信的。事实上,我们非常希望相信别人。例如我们希望试穿某件衣服时店员的称赞是真心的;希望汽车销售是真心想把店里最好的车卖给我们,而不是只想着他的佣金。凡此种种给他人信任的行为其实都是在方便我们自己做决定。如果我们对所有人都持不信任的态度,会浪费太多时间,并为控制风险付出高昂的成本。

拥有信任,不仅让很多事情变得更简单,也让做决定的速度更快些。然而，一旦你有证据怀疑对方说谎，信任几乎马上全部被摧毁，难以修复。

3. 好感度

要想获得人际关系中的信任，最关键的一点是赢得他人的好感。里根在竞选美国总统时，他的公关咨询专家给了他一个建议："想要与人沟通好，请先博得他人的好感，激起他人的共鸣。"但是，怎样才能给人好感和共鸣呢？对于这一问题其实已经有许多研究。社会心理学家常常提到"共鸣"，他们认为，好感是在良性的互动过程中产生的。也就是说，当我们认为某人喜欢自己，我们对对方也自然表现出友善的态度。这样一来，对方还真的就喜欢上了我们。一个亲切的笑容或一次温暖的握手都足够让人产生好感。如果有人跟我们性格上很相近，我们也会觉得和对方很有共鸣。

不光是性格上的相近，有些偶然的相近也足以让人产生好感。圣克拉拉大学的杰瑞·伯格（Jerry Burger）通过实验发现，人们更倾向于接受一个和自己名字相同或者同一天生日的陌生人的请求。而渴望得到你的爱的人，肯定也会找跟你可能有的一些很细微的相似之处。你肯定也遇到过这样的销售员，他提到自己的孩子和你的小孩差不多年龄，或者认识一个朋友跟你还是老乡。就在这样的闲聊中，他唤起了你的共鸣，让你产生了信任感。

我们当然可以根据这三个标准（专业度、可信度、好感度）去找值得信任的人来分担要做的决定。然而，每个标准都暗含风险和危机，容易导致人被欺骗或误导。不管如何，如果他人越符合上述标准，那么委派决定权给他人的风险越低。但如果仅仅出于好感和共鸣就把决定权委派出去，那冒的风险实在太大了。为了让委派决定权不成为你的负担，而是让你更轻松,你有必要稍稍花些时间好好阅读下列四个关键要素,以便更有保障地委派决定权。

1. 找到合适的人选

把决定权委派出去的目的并不是推掉或回避当下的任务,而是将工作交给能创造最佳绩效的人。不过这里有个冲突情况是,通常公司里很能干的人早就已经忙得不可开交。在这种情况下,你应该重新评估合适的人选,根据现有的时间和金钱预算、设定的目标和要求以及可能的其他人选做出调整。

2. 选择合适的时机

这是广告里的老桥段了:快要放假了,上司抱着一堆文件跑到员工桌前撂下,要求员工必须赶紧把这些文件处理完——当然了,今天都晚了,最好是昨天就已经完成了! 在最后一刻委派任务很容易让员工产生沮丧感,造成对方工作上的失误。请不要等到自己都觉得快没时间了才想起来,最好趁早就把工作任务委派出去。

3. 设定截止时间

不是每个接受你委派任务的合作伙伴或下属都有很高的工作积极性。因此,设定明确的截止时间有助于你在规定的时间内得到成果。此外,委派任务时内容描述越详细,通常也会得到更好的结果。不过别忘了,在通知别人截止日期的时候,有必要设置一些缓冲时间以防意外情况。

4. 放手的艺术

一旦你把任务委派出去了,就请你坚持这个决定。原则上,你现在等待的是某个特定的成果，至于怎样达成这个成果由被委派任务的人来定，你应该给予对方充分的自由空间。每个人都有不同的工作方式，如果你对每个小细节都要规定，那这就不是委派了，而是下指导棋。

第七章

用直觉做决定可靠吗？

索罗斯的背

1956年,乔治·索罗斯(George Soros)兜里只揣了5000美元就只身前往美国,想在那里的金融界干出一番事业。这个来自匈牙利的投资大师素来以操作高风险投资闻名。1992年,索罗斯因做空英镑获利近10亿美元,引发了全世界震动。

当时的欧洲货币体系有一缺陷:体系限定了成员国之间固定汇率的波动区间,且各成员国的汇率需经各国政府决议才能变更。索罗斯利用这一缺陷,先购入大量英镑,再以0.36英镑兑换1马克的固定汇率大量买进马克。

值得注意的是,几周后,索罗斯又以马克买进英镑,只是这次的汇率是以1马克兑换0.40英镑。如此一来,他不仅赚取了巨大的利润,也给英国央行造成了极大的压力。索罗斯的策略不仅打破了过去投资者不能对货币发行银行进行投机运作的不成文规定,而且让他的名字从此成为金融界的一个传奇。

不过,索罗斯是如何做出这些决策的呢?谁也想不到,让索罗斯致富的关键既非市场分析,也非专家预测或统计数据,而是他的背。这不是开玩笑!他曾多次说过,每次他的仓位过重而跟市场走势不符的时候，他就会背疼，久而久之，他把自己的背疼看作减仓的信号。

其实，许多人和索罗斯一样，可以通过生理反应察觉到事情的发展是否顺畅。有些人会觉得身体某处有疼痛感，有些人会感到手脚冰凉或恶心反胃。每个人的反应都不尽相同，但所有这些生理上的信号都是一种警示，阻止人去做那个已被下意识判断为错误的决定。

美国心理学家加里·克莱因（Gary Klein）认为，当急诊医生、消防员，或其他给人英雄感的从业人员在紧急关头做出决定时，80%以上是在依赖直觉。

直觉能帮助我们在一片混沌中迅速捋清头绪。它能在自己的认知体系中找到样本，再把这个样本与过往的经验相比较。当我们做决定的那一瞬间，这些比较之后的结果就会涌入下意识。

为了明白上述提到的急诊医生等从业人员如何在生死攸关时刻做决定，克莱因做了长期跟踪研究。为了贴近观察，他曾经一整夜跟随一辆救护车行动。某日凌晨 3 点 21 分，急诊医生接到急救电话，得知附近小区有一名男子不慎从梯子上跌落受伤。5 分钟后，救护车抵达现场。受伤男子倒卧在客厅地板上，满身是血。伤者妻子称，事发当时他想挂一盏顶灯，没想到没站稳，整个人向后倒，撞到了后方的窗户上，然后他的胳膊就被撞碎的窗玻璃割开了口子。急诊医生很快掌握了当时情况，迅速诊断出伤者因严重失血而生命垂危。

他的妻子完全不知所措，幸好急诊医生非常冷静。他一边安慰失神崩溃的伤者妻子，一边指挥其他急诊医生尽可能止血，然后将伤者搬上救护车送往医院。所有这一切动作，急诊医生做起来好像没有经过太多考虑。但对局外人如克莱因来说，这一幕幕简直就像经过缜密的排练一样。

事后克莱因问这位急诊医生，他是怎样在高压状态下立刻知道该做什么事情的。医生耸了耸肩膀,回答道:"经验吧。"

不管克莱因用同样的问题问谁,无论是消防员、飞行员,还是急诊医生和护理人员,所有人都无法解释他们在惊险危急时刻是如何做出决定的。根据这些人的说法,他们在紧要关头是依靠经验或直觉来做决定的。

然而,倘若我们单凭直觉行事,会不会因此太任性地做决定? 因为有时无法说出自己做某些决定的理由,这些决定看上去就像是任性做出的。

捷克生物人类学家维特·崔比茨基(Vit Trebicky)的一项研究结果为此问题提供了答案。他的实验探讨的是人们如何评价周围的人。从进化论的角度来说,只有辨识出周围哪些人可能对自己构成威胁,才能尽快做出反应,从而避免受伤,甚至是因此存活下来。这是个很关键的生存策略。于是,崔比茨基安排受测者评估搏击运动员的攻击性。通常让受测者看一眼这些男人的脸就可以下论断:粗浓的眉毛、宽下巴和大鼻子,这些都是很明显的强攻击性的标志。但在被问及怎样做出这些评估时,没有人可以给出明确理由,他们只是通过潜意识在感知。崔比茨基由此得出结论,上述这些身体特征在我们的大脑潜意识里已经被识别为危险的信号。也就是说,我们并不是真的任性而为,而是通过潜意识调动了之前累积的经验和知识来做出当下的判断。

同样,那位急诊医生在回答克莱因的问题时给出的一针见血的答案也说明:经验是通往直觉的钥匙。依赖直觉做判断的人实际上是在打开以往累积起来的经验宝藏,调动了大量过去的经历,通过潜意识给当下情境送来做决定的依据。

> ### 我们为何称直觉为"肚子的感觉"（gut feeling）？
>
> 当提到直觉的时候，德国人习惯说"肚子的感觉"或者"肚子做的决定"。这究竟是为什么呢？从解剖学角度来说，我们凭直觉做决定显然跟肚子这个器官没有关系。如果有人说自己是听从了肚子做的决定，实际上用的依然还是他的大脑。
>
> 事实上，这个比喻只是用来表达一些无法用理性解释的行为或决定。另一方面，这个比喻也透露出，在我们可能做出某个糟糕的决定之前，身体会发出警示，让即将做决定的人有不舒服的感觉，而且这种不舒服感通常最先在肚子周围的身体部位上感觉到。

为了更好理解上述这个问题，我们可以先回过头来看人类的大脑是如何处理并储存接收到的信息的。第一次接吻，第一次学开车，开启大学生活或者到新公司入职的第一天，所有这些经历首先会转化为大脑的短期记忆，接着这些信息又很快被大脑里的神经元继续传递下去，然后要么转化为长期记忆，要么被遗忘。

其中，海马（hippocampus）主管人类近期的记忆，负责储存或删除某些信息；而情绪是刺激大脑发出储存指令的关键。一旦某个信息激发了我们强烈的情绪，这个信息就会转入大脑皮层，成为长期记忆。

举个例子，你曾经拥有过一辆不起眼的银色轿车，但你早就忘记它了，甚至也记不清这辆车到底是哪家公司出产、什么型号。不过，如果这辆车是你人生中的第一辆车，那情况就会完全不一样。花了很久时间存钱，费心挑选，终于拿到车钥匙的那一刻激动的心情，以及经济独立的满足感——所有这些情绪都使这辆车深深扎根于你的记忆中。即便二三十年后，你可能早就换别的车开了，但你还是能想起自己的第一辆车，并且每次想起时都带着积极正面的感觉。

那些能够转化成长期记忆的信息也同样改变了我们的大脑。当谈到"记忆"的时候，我们是在说分析、储存并回忆信息的能力，这个过程涉及大脑不同区域之间的协力运作。

数千亿神经元负责把收到的信息从感觉器官传递到大脑，或者反过来从大脑送回感觉器官。当我们感觉到什么的时候，大脑的不同神经元之间就会发生联结，这个联结发生在负责把刺激传导到神经末梢的突触之间。

每次接收新信息时大脑的神经元之间会重新联结，旧联结中的部分信息不复存在，从而神经元被新的信息覆盖。我们可以将这个过程想象成道路工程——旧的马路地面破损且车流量稀少，新的马路取而代之。

这些神经元之间的联结功能有多强，取决于受到的刺激而定。在强刺激下，突触的传导功能会更强，就像为信息传递开辟了快速通道一样。而情绪——无论是正面还是负面——是建设这条快速通道上所必需的沥青。

大脑不仅会将新接收到的信息加以分类，其储存信息的方式也值得关注。大脑不只储存信息，还储存信息发生时的情景。其实在你尚未察觉时，你的大脑已经下意识地储存了很多对周边的感受和印象。比如在你小时候，泳池边总有小贩卖淋了糖浆的草莓和香草口味的冰棒。那时候你常常心怀期待、满脸高兴地加入人龙队伍，就为了尝到这甜滋滋的美味。于是，长大以后，你看到超市里的冷冻柜的时候，或许就会想起小时候吃冰棒的情景。

那是因为，在我们大脑的视觉皮层里储存着一系列与炎炎夏日有关的情景：冰激凌、溜滑梯和游泳教练吹口哨的样子。一旦某个记忆被唤起，信息就会按照当时被储存起来的顺序重新又过一遍大脑。那些陷入记忆的人，会感受到当时闻到、看到、听到和触碰到的心情。

这也是为何我们喜欢把在沙滩度假时捡到的贝壳和童年时期的泰迪熊玩偶给保存起来，因为这些物品都是记忆的证明，帮助我们重新感受那些快乐的时光。

除此以外，犯过的错误也是我们的经验数据库中重要的信息来源之一。我们一生都在不断地尝试，用经验充实个人的错误预警系统，提高我们的判断力。

神经科学家在 20 世纪 90 年代就已经认识到，我们的大脑在极短时间内就可以发现并修正错误，继而从错误中学习，避免未来做决定时犯同样的错误。通过"侧抑制任务"①（Eriksen flanker task），科学家可以看到人犯错时大脑启动的神经机制。

在测试中，显示屏上轮流显示出两组字母序列"SSSSS"和"SSHSS"。受测者只需辨认出位于中间的字母是什么。如果中间字母是"S"，受测者就按下左手边的按钮；如果是"H"，就按下右手边的按钮。时间压力紧迫，相邻字母易造成混淆，这些都增加了这项任务的难度，诱引受测者犯错。

受测者一边做测试，一边接受着磁共振成像（MRI）的扫描。通过查看扫描结果，神经学家可以看到受测者在意识到自己犯错时，哪些大脑区域会活跃起来，因为这些活跃区域会在显示屏上通过不同颜色显示出来。

神经学家观察到了受测者大脑里的惊人反应。当受测者犯错时，

———————

① 美国认知心理学家芭芭拉与查尔斯·埃里克森于 1974 年发表的一项测试，探究干扰字母对目标字母的识别影响，是一个应用性很强的心理学实验范式。

大脑会突然停止释放给人奖励和幸福感的多巴胺。这一负面的神经化学信号甚至直接传导到了大脑皮层，带来的消息是："停！这里有什么不对劲！"受测者接收到了这个消息后会改按另一个按钮，给出正确的答案。

也就是说，大脑不仅修正了错误，也从错误中学习了。当字母紧紧挨在一起的时候，受测者延长了反应时间。这意味着他们在犯错之后愿意花更多时间谨慎作答了。

大脑的情绪系统把犯错当作一种惩罚。在行动的过程中，大脑会预估行动的结果以及相应可以得到的奖励。但当受测者连续不断地犯错时，大脑接收到的信息和预期的积极的奖励不一样，大脑的警钟会开始敲响。因为此时受测者收到了来自大脑的警告，意识到连续犯错可能会让奖励泡汤。

事实上，侧抑制任务中人类大脑的反应也在我们每一次做决定时出现，我们的思维机器会不断随着预期的奖励调整我们的行为。为了努力避免错误，大脑给我们敲警钟。我们的潜意识会评估某个决定是成功还是失败，这样的警钟其实就是"直觉"。

脑科学家达马西奥："我感觉，故我在"

几乎没有人敢断言，我们的直觉在某个特定的情境下一定会做出何种反应。不过，一个人越能感受到自己的身体信号，直觉通常就越能在你做决定时起作用。你需要做的就是抽出足够的时间，学习认识自己身体发出的信号。

这里有个小测试。下面的表格列出了一些情境，请你仔细阅读每一个描写的情境，并在每一行的右侧的空格中写上你当下感觉到了什么。例如，你是否觉得某些情境似曾相识？请把自己再度放回那个情境中，并感知一下，当时有什么感受涌上心头？那些感受是怎样的？例如你会不会觉得热或者冷，又或者你的颈背是否感到紧绷？

请你认真观察自己的反应，但不要对反应做出评判。记得挑选对你而言很轻松、没有时间压力的时间段来做这个测试，这样你才能更容易进入这个测试设定的情境中。

你大可以按照自己的节奏来。假如你觉得观察和研究自己的身体信号挺有意思的话，可以一口气完成下列测试。但如果觉得没有那么多时间做这么多测试，那么，只专注研究一种情境也是可以的。

在下面的表格中，左边一列是设定的情境，右边一列的空白处是你记录自己身体信号的地方。

情境	身体信号
你的另一半给你准备了美味的早餐。	
你要去看牙医。	
你要通勤的火车班次先是晚点，后来索性取消了！	
早上刷牙的时候，你发现墙壁上有只蜘蛛在爬。	
你表现优异，得到上司的表扬。	
你忘了一个朋友的生日。	
忙碌了一天，你回到家，泡了个热水澡。	
在炎炎夏日，你坐在一家咖啡馆里吃着一根冰激凌杯。	
信箱里躺着一封信。你打开一看，是电费缴费通知单，而且数目不小。	
你的上司通知说将会遣散一批员工，你可能位列其中。	

怎么样？一想到工作要丢了，是不是感觉像被掐住了喉咙一样难受，然后心跳加快？葡萄牙脑科学家安东尼奥·达马西奥（Antonio Damasio）把这种身体信号称为"躯体标记"（somatic marker）。somatic

这个词来自古希腊语里的 soma,意思是身体。因此,躯体标记这个概念也就是强调这些信号来自身体。达马西奥在脑科学研究领域内可谓是权威,其成名作是《笛卡尔的错误》(*Descartes Error*)。

笛卡尔是 17 世纪初法国的一位哲学家和数学家,被视为现代哲学的奠基人。他致力于革新知识,扫除中世纪的蒙昧和神话。在《第一哲学沉思集》(*Meditations on First Philosophy*)中他写道:"在好多年前我就发现,自己年轻时相信了那么多错误的知识,以致后来基于这些错误而架构起来的知识都有很多可疑之处。因此,我必须从根上推翻一切,从头打下知识的根基。"

笛卡尔当时试图追寻知识的根基,但后来发现一切都是可疑的,无论是感觉、经验,还是宗教信条。他得出结论:所有的怀疑都是由他自身而起。有鉴于此,他写下了经典名句"我思故我在"。笛卡尔给予理性特殊地位,同时也间接指出了对直觉的不信任。

达马西奥认为,笛卡尔的这个观点是错的。他不认为理性的地位比直觉高,更反对把直觉视为无关紧要的附属现象。达马西奥坚信,带有情绪的记忆明显可以更快对发生的状况做出反应,人们恰恰是在情感的作用下才做出决定的。当初他会意识到这一点是因为两个病人——一位爆破匠和一名商务人士。

费尼斯·盖吉(Phineas Gage)是美国佛蒙特州的一位爆破匠。当时,美国东北部要铺设一条新的铁路线,而盖吉负责按照规划将路线上碍事的岩石炸平。为了爆破岩石,爆破匠需要先在岩石上打钻孔,将火药和引线填进孔中,最后往孔中填入沙土。为了让爆破作业顺利进行,也就是让爆破的压力能够深入地底,爆破匠必须用铁棍将覆盖在炸药上的沙土敲打严实。

虽然盖吉当时才 25 岁,但他已经是个经验老到的爆破匠了,而且由于工作表现突出已经升为工头。然而，1848 年 9 月 13 日发生的事情改变了他的一生。或许盖吉因为和其他工人说话分了心，或许因为疲惫或其他因素而心不在焉，严重的失误发生了。当时沙土还未注入孔中，盖吉手中的铁棍已经插入钻孔，与岩石摩擦出了火花。所有东西一下子都炸开了。约 7 千克重、3 厘米粗、2 米长的铁棍瞬间刺入盖吉的左脸颊，穿过左眼后方，最后从头骨飞出。

一般人遇上这样的事故生还的可能性极低，但盖吉却奇迹般地幸存了下来。根据他的描述，他还对前来救治的医生说了句："医生啊，我这里可有得你忙了。"

盖吉虽然失去了一只眼睛，但除此之外看上去一切都好。不过，尽管他的专业技能和智力水平都没有受到影响，他的人生还是有了不幸的大转折。

主治医师约翰·马丁·哈洛(John Martyn Harlow)在描述盖吉时写道："他的朋友都说，感觉他不再是以前的那个他了。"盖吉的朋友和同事渐渐疏远了他。不久之后，他先是被铁路公司炒了鱿鱼，之后频繁更换工作岗位，最后只能靠站在一个露天集市给猎奇的人看他脑门上的洞营生，直到 38 岁时去世。

达马西奥和他的妻子汉娜一直都没有放弃对这个病例进行研究，盖吉去世多年后，他们对他的头骨进行了解剖。在事故发生后差不多一个世纪，汉娜和她的同事用激光技术对他的头骨进行了扫描测试。她先在电脑上画出了一个适合盖吉头骨的大脑，通过被穿破的洞的位置确认铁棍伤害到大脑的哪个区域。汉娜在研究扫描结果后猜测，事故中盖吉受伤的那个大脑区域是掌管情感的区域。

另一个类似的病例是关于商务人士埃利奥特·史密斯(Eliot Smith)的。从某一天开始，史密斯觉得头痛难忍。他的同事发现史密斯犯错的概率越来越大，因此也不敢再把重要的任务交给他做了。史密斯只好去看医生，医生诊断他的额头正后方长了个网球大小的肿瘤，然后马上安排肿瘤摘除手术，同时拿掉了一部分他的大脑前额叶。

手术进行得非常顺利，但是史密斯在这之后变得跟从前不一样了。他变得毫无计划性，在工作中亦难以专心。他可能刚开启某项任务，下一秒又突然放下跑去弄别的。没过多久他的上司就裁了他。被裁后，他投资了高风险的生意，结果赔上了所有积蓄，婚姻也因此触礁。

后来，史密斯遇到了达马西奥并开始接受他的治疗。从一开始，史密斯冷漠的性格就引起了达马西奥的注意。经过多次疗程治疗和长时间的谈话，达马西奥发现史密斯很少有悲伤、愤怒、快乐或紧张的情绪，即便他谈起那段失败的婚姻都好像在谈别人的事情。甚至当达马西奥给他看溺水的人和火烧房子的照片时，他完全没有情绪反应。此时，达马西奥意识到他的情绪缺失已经非常严重了。

达马西奥做出了一个极具突破性的诊断：盖吉和史密斯这类情绪缺失的人有认知能力，但是没有情绪感受能力。不久后，他根据两个病例设计了一种后来被命名为爱荷华博弈任务（Iowa Gambling Task）的纸牌游戏，揭露了情绪缺失对做决定带来的影响。

这个游戏是他跟他的助理安托万·贝沙拉（Antoine Bechara）一起设计的。受测者面前有四叠纸牌，两叠是蓝色的，剩下两叠是绿色的，他们需要从四叠纸牌中逐一抽取一张，纸牌上都写有受测者可以赢取或需要赔付的金额。

这个游戏的窍门在于，选择蓝色的纸牌可以让人赢最多钱，但同时也能让人亏最多；而选择绿色的纸牌，赢和亏的概率都不大。心智健全的受测者在抽了 50 张纸牌后就大体可以决定要哪叠牌是比较明智的，并能说明具体原因。

达马西奥在游戏过程中观察到，其实受测者在很早的时间点就知道他们该抽什么牌了，因为在输赢的过程中，他们的情绪记忆在不停学习。心智健康的受测者已经下意识地开始避免抽取蓝色的纸牌，因为他们的直觉发出了警示——例如手心开始冒汗。而且，这种情况在抽取 10 张牌以后就发生了。

而头脑受损的病人，例如盖吉和史密斯这样的人，即便抽了 100 张纸牌，也无法辨识哪叠纸牌具有危险性。他们欠缺这样的直觉。这种缺乏直觉而不能认知的区域被科学家称为"直觉盲区"（blind intuition）。

达马西奥把这些研究成果汇编成书，并将其命名为《笛卡尔的错误》。在书中，这位脑科学家将笛卡尔的主要论点修改成："我感觉，故我在。"

直觉有多可靠？

若干年前，美国洛杉矶的保罗·盖蒂博物馆（Paul Getty Museum）发生了一件令人印象深刻的事情。有个背景神秘的艺术品交易商向盖蒂博物馆推销一尊古希腊男孩雕像，开价 1000 万美元。对古希腊艺术品来说，这个价格可以称得上非常低了。但即便如此，全世界的博物馆都不会马上掏钱，而是请艺术品鉴定专家用电子显微镜、质谱测定仪、X 射线检测仪等来鉴定这件艺术品的真伪。

所有的鉴定检测结果都证实了这件艺术品是真迹。然而，在确定购买之前，盖蒂博物馆又特意征询了纽约大都会艺术博物馆前馆长托马斯·霍温（Thomas Hoving）的意见。霍温过来只看了一眼就得出结论："这尊漂亮的艺术品是赝品，那个交易商是个骗子。"后来经过调查，霍温所言属实。他的直觉比起理性分析和仪器鉴定洞悉了更多的信息,速度还更快。

当然,我们得承认,这只是极端个例。我并不是在推崇直觉就一定比理性分析更高明,通常情况下并不是这样的,但偶尔直觉也会更胜一筹。也正因为此,直觉成为我们日常生活中很重要的参考。

直觉的优势在于,当我们面对错综复杂的问题时,它可以给出一个方向。例如,当选项过多,或者要考虑的方面太多时,我们的大脑就会一头雾水,没法做出理性权衡。在这些情况下(择业或者择偶也算),理性思考已经没用了,但直觉却能够帮忙。

不过这个说法有个小小的限制:你必须在你要做决定的领域内足够专业且拥有一定经验。芝加哥大学的心理学家希恩·贝洛克(Sian Beilock)对职业高尔夫球运动员打球的方式进行了观察和研究。她发现,职业高尔夫球运动员打球成绩最好的时候反而是他没空去琢磨到底怎么挥杆的时候。与此同时,她的同行、心理学家克莱因则是观察了有经验的飞行员、消防员、急诊医生和护理人员后得出了类似的结论:情绪记忆的体验越丰富,越能引导人做出好的判断。换句话说,只有在某个领域里训练和积累了专业能力和经验,直觉才是可靠的参考。

直觉是可以被训练出来的

很多科学家和专家强调直觉的用处,但最终让你信服的肯定是你个人的经验。只有当你频频通过直觉做出了正确的决定,你才会慢慢信任它,认为它是可靠的参考,听从它的声音。

不过,在信任自己的直觉之前,你也可以做些相关练习加以训练。接下来,作为本章的收尾,我给你提供一些方法。

1. 留心突然冒出来的直觉

依靠直觉做出判断是非常快速的。例如，在超市与导购进行一次糟糕的对话时，你很快会察觉到胃或者其他身体部位不舒服。许多人会忽视这类信号，自我催眠说："这个导购说的东西听上去还挺靠谱的。"一旦后来发现这个购买决定踩雷了，许多人又会后悔没有听从这些突然冒出来的直觉。因此，请你认真看待这些信号，宁可在做出决定前批判性地审视一番。

2. 在一些无关紧要的小事上做练习

如果你还不敢在大事上仰赖直觉的话，那么，你可以在日常生活的小事上做一些思维练习，比如在中饭吃什么、去超市里买什么、聚会或者开会时做各种观察和判断。你可以给自己安排一些很小的任务，例如判断谁会在会议中第一个发言，这次聚会里哪些人会在一小时后聚在一起聊天等。你如果经常做这些思维练习，就会发现时间越久，判断越准，因为你学到了如何用直觉来感受身边的人和情境，并做出评估和判断。

3. 反思直觉何时具有欺骗性

训练直觉最关键的一步是了解直觉在哪些情境下是可靠的，哪些时候不是。例如，你是否曾经某次在休息时和上司在公司的咖啡吧相遇，凭着直觉谈话，无意间给上司提供了新的想法并且谈话结果还不错？这是好事，你的直觉在这种情境下很可靠。现在，请你思考总结一下，这个情境下出现的哪些迹象表明此时适合用直觉行事？同样的，当你的直觉后来证明不可靠时，也用同样的思路反思一下。例如，你对新来的同事第一印象挺不好的,但是后来,你们居然成了好朋友。这就是直觉误导人做出错误判断的例子。你越常用以上方法分析,以后用直觉做决定就会越来越有把握。

👉 有轨电车的难题

接下来,我提供一个有点难度的心理测验。这个测试不仅和直觉有关联,而且涉及道德层面的讨论。测试题名叫"电车难题"(trolley problem),是目前心理学领域内的经典测试题。测试的名称(trolley)源自英国人对有轨电车的称呼,具体题目如下:

假设现在有一辆有轨电车失控,正冲向前面五个正在轨道上施工的工人,而且就情势来看,五个工人必死无疑。此刻你有机会拉下转轨的拉杆,让电车开往另一个方向。唯一的问题是,如此一来,五个工人的性命固然被救了,但是另一个方向的轨道上也有一个工人,他对此毫不知情,一旦你这么做了,他就会丧命。在这种情况下,你会如何抉择?

你现在是不是觉得非常两难? 问题的关键是,要不要为了挽救五个人的性命而牺牲另一个人的。理论上来说,这是个简单的选择题,因为大多数人信奉"五条人命总是比一条人命更沉重"的原则,他们愿意去拉下那个转轨拉杆。

现在我加大题目的难度。关于这个经典测试题如今已经衍生出许多版本,其中最吸引我注意的版本来自维也纳的学界。题目构思大体一致,但在这个版本里,受测者在测试前会先读到这些虚构人物的生平介绍,其中那个独自在转轨后的轨道上施工的工人的生平信息更丰富。

在回答这个问题之前，受测者必须先设身处地进行思考。接着，受测者就必须做出艰难的抉择：要不要拉下转轨的拉杆？

你大概能猜到受测者的反应了。在一个抽象的思维测试中，单凭直觉做出反应是很容易的，因为五条人命比一条多，就这么简单。然而一旦受测者将自己代入情境中的人的思考和行动中，在考虑要不要牺牲这个人这个问题时就会无比艰难了。他们压力巨大，完全找不到答案。这要是在现实生活中，电车早就轧过去了，因为他们想太久了。

同情共感这种强烈的情感让我们依靠直觉做决定变得异常艰难。遗憾的是，这个两难困境并没有解决方案。但这或许是件好事，毕竟这正是我们之所以为"人"的原因。

第八章

快速做决定是好还是坏?

能够快速做决定常常被人拿来与"有决断力"或"乐于做决断"等正面积极的概念联系起来,但这个关联本身也带有诱导性。那么,快速做决定真的更好吗?

必须承认,在某些情境下,我们必须快速做决定,因为没有足够的时间来考量每个选项的优缺点。你是否还记得我们之前讨论过的直觉?急诊医生、飞行员、消防员和商界领袖等类型的人常常面临必须迅速做决定的情形。如若不然,就会危及他人性命或失去与对手竞争的重要先机。

不过,即便无须承担这么大的责任,我们在日常生活中的许多问题上也面临着必须快速做决定的时刻,例如:

• 一个职缺的申请时限快到了,但你还是不确定是否适合这个岗位——要不要申请呢?

• 手机专卖店的优惠活动今天截止,但你手头的手机目前使用起来还很顺畅——新手机要不要买?

• 车载广播通报了高速公路正在塞车的消息,但是另一条替代路线很多通勤族也很熟悉——是开上高速痛苦地慢慢挪,还是绕过高速去那条也可能堵着很多车的替代路线?

如此种种不胜枚举。在日常生活中,我们常常认为太快做决定是人性的弱点所致，并认为人们会因事先考虑不周和鲁莽冲动犯错。如果你是把这本书从头读到这里的话，大概已经判断出这种观点是错误的。事实上，凭直觉快速做的决定完全可能比深思熟虑后所做的决定更好。我们不能从做决定的速度笼统地评估其质量。关于这个问题，必须从其他角度切入。

哪些决定可以快速做出？

快速做决定是否有意义或者说是否恰当，首先取决于做决定的具体内容。例如买一套房子或一辆汽车，安排一次度假，辞掉一份工作或者组建一个家庭，这些都是需要谨慎思考的决定，因为这些决定一旦做出就是长期性的，而且影响深远。

此外，大概三种类型的决定是不宜反反复复、犹豫不定做出的。

1. 无关痛痒的小事（无须做决定的决定）

不是每件事都值得我们绞尽脑汁去思考，尤其是要做的决定涉及的是无关紧要的小事，而且无论做哪个决定我们其实都可以接受。还记得本书第二章提到的例子吗？你早上是否喝第二杯咖啡，或者中午是吃面还是吃饭——谁会在乎这种琐碎的事情啊？从长远角度看，无论做哪个决定，都不会对你造成多大的影响。

2. 常常重复做出的决定

相比新人，从业超过10年的经理人可以在遇到问题时快速做出决定，而且更有自信和把握，这绝非偶然。参照丰富的经验和按照标准流程行事可以帮助他们更快找到解决方案，更容易判断出何处是陷阱，也能更快地发现自身优势。然而，这里也隐藏了一个危机——一直根据经验和程式化的流程做决定会使人变得平庸而不思进取。因此,我们必须经常不定期地检验那些重复做出的决定。

3. 不知道该如何做出的决定

对于要做的决定所需要了解的信息越少,这个决定做得也越快。这个观点乍看自相矛盾,生活中其实常常体现。假设你没有掌握足够的信息去做一个彻底全面的决策分析,那么就只剩下两条路可走:要么很辛苦地努力搜罗所有相关的信息后做出决定,要么就基于现有的认知,尽快做出决定。

但无论怎样做决定(哪怕是深思熟虑过),这个过程其实都很像是一场赌博。信息甚少但快速做出的决定最后的结果可能不坏,而做出好决定的概率也是 50％。在对要做出决定的事情掌握的信息甚少的情况下,这样的结果似乎还不赖。

来自德国马普研究所认知和神经科学研究中心、荷兰阿姆斯特丹大学和澳大利亚的纽卡斯尔大学的神经科学家和数学心理学家组成的研究团队做了个实验,得到的结论是:我们是否能迅速做出决定,与我们大脑的某些特定构造有关。

在实验中,研究人员指示受测者判断屏幕上显示的一些圆点在往左还是往右移动。原本这个任务很简单,但是研究人员提出了更多要求,使受测者的判断难度加大。在第一轮测试中,受测者被要求尽可能快地做出判断;在第二轮中,则要求他们必须尽可能回答准确;在第三轮测试中,也就是最后一轮,受测者必须快速并准确地回答。在整个实验过程中,研究人员始终监测着受测者的大脑活动情况。

一如所料,测试的结果差异很大。有些受测者轻轻松松就做出了又快又准的判断,而另一些人只有在时间充分的条件下才能做出正确的判断。我们当然可以把结果的差异归因于每个人的专注度和理解力的不同。不过，大脑扫描仪给了我们另一种解释。

那些快速做出正确判断的受测者，他们的大脑有些特定的区域特别活跃，尤其是前运动辅助区（pre-supplementary motor area）和基底核（你在第六章认识过这个区域了）。

这听起来太复杂、太专业了，不过上述两个术语也可以用简单的话来解释。前运动辅助区是大脑皮层的一块独立区域，主要作用是学习较复杂的连续动作，或是为较复杂的动作做准备。而基底核不仅储存我们的习惯，还调节我们的运动和认知能力，并过滤外部进来的刺激信号，再将其传导到其他脑部区域。所以，基底核对快速做决定很有帮助。在上述实验中，它能将感官认知迅速转化成具体行动。

研究团队得出结论，受测者不同的大脑活动情况决定了其行为的差异。这就意味着，受基底核影响较多或者说基底核更活跃的人，在时间压力下更容易快速做出更好的决定。

当然，上述结论并不一定能给我们的日常生活带来实用价值。毕竟我们对自己的基底核究竟什么情况也并不了解。而如果你总是很难快速做决定，也并不意味着你不够专心，你可以简单地说："这是因为我的基底核比较蠢吧。"这种讲法听上去很有知识底蕴。

至于怎样才能快速做决定，我这边倒有几个方法。

快速做决定的方法

对有些人来说，做决定的时候他们就好像在全副武装地蹚过沼泽地，一切都困难重重。其实，想学习快速做决定也是有一些方法的。

最重要的是，你要先批判性地认识自己，并问自己下列问题：

- 为何快速做决定对我来说特别困难？

- 我在害怕什么？

- 我是否有过相关不好的经历？

- 是否有什么原因或者遇到过什么事,让我从那个时候开始就无法再快速做决定了？

- 我最后一次尝试快速做决定是什么时候？

诚实回答这些问题乍看容易,其实不然。我们很可能会自欺欺人,或者草草回答了事,然后若无其事地去忙别的事情(或者继续读这本书)。然而这样的话,你在做决定这方面是不会有实质性改善的。

所以,请你还是抽出足够的时间,认真思考上述问题。只有真正了解阻碍自己快速做决定的原因是什么,才能从源头上解决问题。

假如你认识到了阻碍自己快速做决定的原因,就可以回答这个问题:我们可以做什么来摆脱这些阻碍?

每个人都有不同的阻碍自己快速做决定的原因。因此,本书也无法提供一个简短的、人人适用的方案。不过,很多学者的研究报告中常常提及一些让人无法做决定的原因,这些原因被认为是让人无法快速做决定的罪魁祸首。因此,想要快速做决定就必须做到以下三点。

1. 不要追求完美主义

完美主义常常被错误地理解为是纯粹正面的品质。它通常用来形容那些自我要求高且能达到高标准的人,同时它也代表着勤勉、细心以及做事追求高品质。以上都是完美主义积极的一面。

但完美主义也有常被人忽视的负面影响。完美主义者常常会流于目光狭隘。对他们来说,只有"最好",其余的都不是真正的好,或都不够好。即使达成目标,他们也从来不为此感到快乐,因为在他们眼里这些都不够完美。极端完美主义者甚至会逐渐摧毁自我价值感,让决策瘫痪。显然，要是设定的目标是不可企及的完美的话，那就什么都确定不下来了。这些人总能从鸡蛋里挑出骨头来，可完美的解决方案在现实生活中其实根本不存在。

因此，想要快速做决定的人最好不要追求完美主义。一旦陷入追求完美主义的怪圈就很难走出来了。为了给人零缺点的印象，完美主义者通常会给自己施加无比沉重的压力。这些压力会给身心带来很大影响，可偏离零缺点通常又意味着暴露自己的缺点。

为了成功而快速地做出决定，还可以试试不同的方法。例如，你可以多提醒自己认清现实，少提出一些不切实际的标准和要求。你要认识到，即使你需要承担在快速做决定的情况下犯错的风险，事态也不会有多糟糕。犯了错不会迎来世界末日，有些错误的决定是可以事后修正的。

或者，你可以把整件事作为一个正面的学习经验来看待。以托马斯·J.沃森(Thomas J. Watson)为例。这位信息技术企业 IBM 的创始人曾经聘用过一位员工，这位员工做了一个后果严重的错误决定，给公司造成了逾 50 万美元的损失。有些上司会因此大发雷霆，甚至炒了他，并对当初的这个人事决定懊恼不已。但沃森不然，他留下了这位员工。后来沃森接受记者访问，记者谈及这件事时，他言简意赅地说："我已经花了超过 50 美元投资在培训他上面了，为何我要把这番宝贵的经验白白赠送给别人呢？"沃森指出，做出一个错误的决定情况并不严重，关键是从中学到经验并吸取教训。

2. 勇于承担责任

每个人都要为自己的决定和相关的行为负责。这听起来很简单，但正是这种看似理所当然的认知阻碍了很多人做决定。许多决定正是由于人们害怕与此相关联的责任而被束之高阁的。

多加权衡、搜集信息并纳入一些他人的参考意见能在一定程度上分摊自己的责任。这样一来，万一之后所做决定结果不好，人们可以说决策失误的原因是信息量不足，或者是他人提供了不够好的参考意见，或者由于权衡再三导致做决定的时机过晚，或者是怪这本关于做决定的书……总之，我们可以给错误的决定找到许多借口。

但快速做决定的情况则不同。在这种情况下，固然也可能有资讯缺乏或者专家意见错误等原因导致决策失误。但是本质上，快速做出的决定有两个重要的特点：一、即便有外部不利因素，决策者也必须马上做出决定；二、这个决定实际上是决策者独立做出的。由于这两个特点，在快速做决定的情况下，我们没法为决策失误找借口和理由。如此一来，假如决定的结果是好的，所有荣耀会归于决策者，反之就惨了。

想要快速做决定的人必须有承担更多的责任。一开始，你需要克服一些心理障碍；但是慢慢地，随着时间的推移和经验的增加，你会越来越得心应手，因为你已经累积了许多宝贵经验，并感受到这么做带来的自由感。而畏惧承担责任的人会把决定权拱手让人，导致他们被迫处理别人做出的决定所造成的后果。

3. 摆脱终结式思维

快速做决定的最大障碍之一是人们对"一锤定音"的想象：要是我现在决定下来了就没有回头路了！没机会修正了！这种想法简直是胡说八道。我们每天在生活中都要面对大大小小许多决定，但这些决定大部分都有很多选项。举例来说，那条新裙子你渐渐不喜欢了？没关系，你可以换货或者在网上转手卖掉。在提车几个星期后，车漆颜色越看越不喜欢？这也是可以改变的决定，你重新去汽车 4S 店喷个新颜色的漆就好了。这需要花点钱，但总比买一辆新车便宜。而即使是选择参加某个职业技术培训，读某所大学某个专业，或者从事某个职业，这些决定也可以有修正的余地，不是说彻底成为定局。

再说了，大多数人的职业生涯并不是直线上升发展的，发展过程中必然会出现起伏，一如下图。

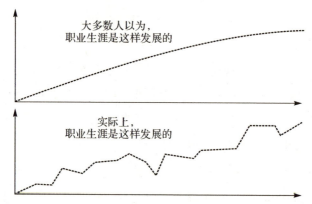

大多数人以为，
职业生涯是这样发展的

实际上，
职业生涯是这样发展的

我们随时可以改变自己的决定，只有很少一部分决定是一锤定音、不能改变的。通常我们会走到一个又一个十字路口，面临新的决定；或者当发现无路可走的时候，选择往回折返。

因此，请你摆脱终结式的思维。至于那些一旦做决定就是定局的极少数情况，你大可以投入足够的时间好好思考一番。

👆没耐心：这个坏毛病从何而来？

你是不是这样的人：总是非常快就做决定，并为自己的随机应变和随性感到自豪；完全不想浪费时间再多加思考，因为你心意已决。如果你的信条是一切事情都要现在、此刻、马上处理完，那么，有耐心就不是你的强项了。

不过，有意思的问题是，为什么人们会没耐心？事实上，针对这个问题的研究早就已经很充分了。简单地说，这背后涉及对预期效益的考量，尤其是对以下两个核心问题：

- 我现在想要什么？

- 我未来能得到什么？

做决定的时候，我们几乎都要考虑上述两个问题，以及这两点所衍生的问题——我们会如何评估当下以及未来的利益？换句话说，当人们认为当下的利益比未来的更大时，就会变得没耐心。我们把所有美好但又需要抑制当下享受的长远打算抛诸脑后，倒向最触手可及的奖励和享受。因此，没耐心的人也未必就是品德差的混蛋，他们更多的是冷漠地计算着利益最大化的人，尽管他们本人不一定会如此清楚地认识到这一点。

为重要的决定腾出足够的时间

我们人生中还有一些决定是重要的、不能仓促做出的。为这类决定腾出足够的时间、冷静以对是必要的。仓促做决定的背后往往隐藏着来自外界的压迫和诱导性压力。解除这些压力可以创造一定的自由空间，让人更淡定、更不纠结地做出好决定。

具体怎么做呢？以下是一些方法。

1. 追问自己一些问题

你发现自己正要做一个仓促的决定吗？如果是，请你问自己：我为什么要做这个决定？我真的需要吗？我为什么想这么快定下来？通过有意识的自我提问和简短的自我反思，我们可以更好地认识自己，并逐步找到让自身仓促做决定的诱因。我的经验是，一旦你把这些仓促做

的决定可能的后果写下来摆在眼前——这些后果可能你平时倾向于视
而不见，那么想要立刻做出决定的冲动就会马上消退，而这样一来，你
也重新拥有了足够的思考时间。

2. 不要催促自己

在某些快速做出的决定背后都有外界环境或自我设定的时间压
力，例如限时促销活动。有些商家会故意打出限量销售的旗号，让消费
者以为"现在不买，以后就没机会了"，从而影响消费者的购买决定。尽
管这都是些花招，但很可惜，它们在现实生活中很成功，即便是经验老
到的消费者也常常上当。

唯一能让你不陷入圈套的方法是，每当面对这种人为营造的紧张
感时，你可以先走开不考虑买它，给自己足够的距离来客观审视这个可
疑的"捡便宜"的机会。在大多数情况下，你是有第二次、第三次机会买
到好货的。

3. 询问他人意见

需要快速做决定的时候，几乎不可能有时间请教他人意见；但在做
重要决定的时候则不然，我们有足够的时间。因此，习惯快速做决定的
人不妨去咨询好朋友或可信的专家的意见。这些人很适合提出这些惹
人厌的问题：你真的需要吗？这样做对你来说真的好吗？为什么你不
愿意放弃？这些问题就像刹车片一样，让你停下来仔细思考一番后再
做决定。当然，任何事情都需要遵守过犹不及这一原则。依靠他人做
决定也是危险的，毕竟你的朋友不需要承担你做的决定的结果；而且他
们也不一定知道什么对你来说是最好的。但是咨询或探讨一下总是可
以的。

做决定是长远打算好,还是着眼当下好?

除了做决定的速度以外,还有一个因素影响了我们对决策品质的判断。

做决定时考虑长远,行动前思考所有可能的结果并照着具体的计划走——这样的行为模式我们当然会觉得更深谋远虑些。不过,这样的想法也让许多人对用长远打算做出所谓完美决定怀有乌托邦的想象:许多人在中学阶段努力读书,在学校里尽力表现,因为他们意识到现在的努力拼搏对今后的人生有深远影响。美好的蓝图是这样的:由于在校勤奋学习,他们以优异的成绩顺利毕业,然后要么接受职业技术培训,要么考大学并且以优异成绩完成大学学业;最后,每个人都走上了对他们来说最好的道路,也都为此感到快乐。因为他们为了取得这些成绩,很久以前就做过人生的长远规划了。

这些规划看上去很美好,但无法经受现实的考验。因为上述想法忽略了两个重要且不可避开的问题:

1. 每次做决定时都考虑长远,这一想法是否符合实际?

2. 时间一长,这个考虑长远的决定是否还像最初认为的那样有意义?

事实上,考虑长远后做决定不只有优点,还有一些关键的缺点常常被人忽略——只想着未来的人,牺牲了现在。

有了一笔钱是立马存起来还是消费? 当一个月好不容易有个周末可以休息,是用来给自己充电进修还是来一次说走就走的旅行? 美食当前,是顾忌健康和体形,还是买一个美味的比萨好好享受一番?

我们每天都面临各种各样选择上的矛盾，想着每次都为了长远的幸福而牺牲短期的好处是否值得。总有些时候，那种想要"现在、马上"就可以享受一番的欲望会占上风，比如我们想着"以后的事以后再说吧"，然后忍不住下单叫了外卖。

是否常常臣服于这样的欲望当然也取决于我们的个性。有些人很容易就能放弃突然涌向心头的欲望；有些人则很难做到，他们常选择享受当下，觉得应该对自己好一点。

事实上，由于受教育背景和成长环境的影响，有些人无法做出着眼于当下并有利于自己的决定。他们认为现在就犒劳自己并且凡事只想到自己是自私自利的，甚至认为这种想法存在道德问题。大错特错！因为放弃马上犒劳自己等同于放弃了自己的人生乐趣以及成功做成某事后的快乐感，让人们越来越消极，失去生活的动力，严重情况下甚至可能成为怨天尤人的人。

第九章
12 种决策方法大盘点

关于如何做出更好的决定,如何让艰难的决策过程变得更容易些,或者如何在某个情境中挑选出最优的选项,只要在网上搜关键词"决策方法"就会跳出很多条相关信息。但是这些信息数量庞大,让人觉得非但没有减轻选择的痛苦,反而又让人陷入选择的折磨。想找到合适的决策方法还得先对这么多内容做一番抉择,这是多大的悖论啊!

那些关于决策方法的文章大多会用一些看上去很有用、很复杂的标题,让人毫不怀疑这里面一定蕴含了某种终极智慧。但是,再仔细想想,我们很快又会冷静下来。因为这样一种在任何情境下都普遍适用、完美且无懈可击的方法恐怕根本不存在。通常这种决策方法都是套用固定的决策模板,没法给你当下的难题提供恰当的解决方案。

其实,在如何做决定这个议题上,相关研究早就汗牛充栋了。我接下来要介绍的是 12 种经典而可靠的关于做决定的方法。你可以好好研究一番,找出哪种方法适合解决当下面临的问题。毫无疑问,有些方法会成为你的心头好,而另一些方法则可能作为你的灵感来源,启发你创造出自己的方法来。

接下来,我们从一个简单而经典的决策方法开始介绍。

赞成和反对清单

首先，拿出一张白纸，在中间从上往下画一条分割线，左边写上"赞成"，右边写上"反对"。接着，针对目前考虑的事情，写下所有能想到的赞成与反对的理由。这些理由会帮助我们更好地对比出赞成和反对两个选项到底哪个更好。

其实，赞成和反对选项中所列理由的数量多寡本身就是一个重要指标。但是，在大多数情况下，我们还需要评估这些理由的重要性。或许在反对理由中，其中有一条特别重要，所有赞成理由都不足以抵消这一条的影响力。

例如，新工作的薪资水平比你目前的高，但同时你肩负的责任也更大，而且你必须搬家去很远的地方，这样一来，你的社交朋友圈将彻底改变，而且你的另一半也得找份新的工作。但是，另一半完全不想换地方……

就理由的数量来说，赞成和反对选择新工作的比例是二比一。但是在评估这些理由的权重后，你可能就不会选择这份新工作了。

大多数人在日常生活中运用这个决策方法时甚至都不需要用到白纸，只需要在脑海中权衡一下两边的理由即可。但是，请不要低估写下来的重要性。赞成和反对清单的主要作用在于它能让你清楚看到自己提出的各种不同的理由。比起在脑海里浏览，书写下来后你相对不那么容易自欺欺人，毕竟，白纸黑字都在那儿写着呢。此外，你也可以采纳周围朋友和家人的建议，一起把这个清单做得更周全。

使用这个方法唯一的缺点是：赞成和反对两个选项中写出的理由越多，需要纳入考虑的事情也就越多，于是这张清单会变得很复杂，做决定也越难了。

本杰明·富兰克林清单

这个方法是以美国的开国元勋富兰克林命名的。早在 18 世纪,他就注意到了选择障碍这一问题,并思考克服的方法。他的方案的灵感来自赞成和反对清单,但他不是把赞成和反对的理由放在一起比较,而是纯粹比较所有选项的优点,计算出优点的平均分,然后再做决定。

富兰克林先在白纸上根据选项的数量画出相应的行数,并在每行正上方写上能想出的所有优点。接着,富兰克林给这些优点按重要性逐个打分,分值区间为 1~10。最后,他将每一行优点的分数加总起来,再除以该选项优点的总数量。这样,平均分数最高的选项就脱颖而出了。

富兰克林的方法好在它够简单,但唯独有个很大的缺陷——没有考虑到选项的任何缺点。这样很可能会使我们陷入狭隘又过于乐观的险境当中。

决策树

决策方法不仅能以上述清单的形式呈现,还可以做成图像,让决策过程更形象。其中一种呈现方式就是决策树。这种方法在体育比赛中很常见,因为它可以将淘汰赛的赛制形象地表现出来。

在决策树中,所有选项以两个为一组进行评比,胜出的选项进入下一轮评比。整个评比过程反复进行,直到有最佳选项胜出。

决策树的优点在于,它可以把数量繁多的选项用两两对决的形式表现出来,让做决定变得像游戏决斗一样好玩。

不过,只有当我们能够判断哪个选项更符合自己的期望,并且选项的数量众多时,这种方法才能派上用场。它并不适合需要立马做出"是还是否"或"A还是B"的情况。

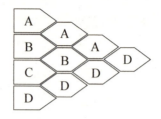

决策思维导图

决策思维导图是另一种以图的形式呈现的辅助工具。在学校和职场中,当我们要呈现一个庞大的主题内部结构的关联性时就会用到思维导图。决策思维导图的操作方法和普通的思维导图几乎是一样的:

● 首先,在一张尽可能大的白纸的正中间写上要做的决定,并用彩笔标注;

● 其次,写出这个决定可能的几个选项,画枝干分别示意各个选项;

● 再次,在每个枝干上再画上分支,并写出选项的优点和缺点;

● 最后,逐一评估每个分支对应的优缺点。

这样就完成了一张决策思维导图!

如你所见,决策思维导图最大的优点在于选项繁多时可以做到一目了然。虽然呈现的结果是否明晰肯定或多或少跟画图的人的水平有关。但是,只要不是手太笨的人都能画出像样的思维导图,通过它展示出所有的选项及其优缺点。

不过,决策思维导图不能给每个选项赋予权重。虽然我们可以通过枝干的粗细程度来体现不同选项的重要性的差别,但是,相较于本杰明·富兰克林清单(数字打分法)给出清晰而明确的结果,使用决策思维导图时,决策者往往是通过总体感觉和权衡一番后得到结果。

因此,决策思维导图更适合作为初步的决策辅助工具,在这一阶段胜出的选项可以通过别的方法进行更仔细的评估,比如"决策矩阵法"。

决策矩阵法

听到矩阵,你可能会想起那些做数学作业计算题的无眠之夜。现在先告诉你一个好消息:决策矩阵法不需要用到高深的数学知识。

尽管如此,决策矩阵法仍然是一个非常理性的决策思维方法,而且使用时需要经过一定的分析。因此,有数学天分的人或许会用得很好,而其他人可能宁愿用自己的直觉做决定。

在决策矩阵法中,首先,我们把所有可能的选项搜集起来,依序填入最上方的栏目内。其次,尽可能筛选出对做决定很有帮助的评判标准,依序在矩阵最左侧填入。具体要填入哪些评判标准取决于具体要做决定的事情。这个评判标准不仅限于金钱方面,与选项有关的(即便是一些抽象的)标准也可以。

评判标准	选项		
	选项一	选项二	选项三
评判标准一	2	4	1
评判标准二	3	2	2
评判标准三	1	3	1
平均分	2	3	1.3

每个选项按照每个标准填入1～10的分值,如上图所示。最后,我们把所有的分值加总起来,再算出平均分。

使用决策矩阵法有两个优势。首先，只要通过简单的计算，就可以得到明确的最佳选项；其次，比较和权衡各个不同选项变得更简单了。

操作简便虽然令这个方法有着特别的吸引力，但是也会导致人变得专断，比如因为忽略其中一个重要判断标准而做出错误决定。不过如果我们保持细心、周严的态度，并且能够对填入的分值做出慎重评估，那么，使用这个方法大致上不会犯什么错。

考虑所有因素法

英国认知科学家和作家爱德华·德·博诺（Edward de Bono）以其创新思维研究（"博诺的六帽思考法"）闻名，他发明的"考虑所有因素法"跟决策矩阵法有相通之处。

顾名思义，使用考虑所有因素法必须先找到与决策相关的所有因素。

决策的复杂度以及牵涉的范围广度会影响到列表的规模。因此，这个列表可以很长很长。举例来说，在做买房决定时我们需要考虑很多因素，比如房屋的价格、贷款的可能性、房屋大小、地段、交通便利程度、房型、供暖方式、最后一次翻修的时间、邻里情况、休闲娱乐设施和周边环境、通勤距离、孩子上学距离等。博诺的核心观点在于，每个因素的信息掌握越多，就越能清晰、明确地做决定。

当然，博诺也意识到，这些因素有重要和不重要之分。因此，他把重要的因素写在前头，次要的或者不重要的放在后面，每页纸还留下了空白位置方便写下评估。

然而，列表如此庞大，又该如何根据它做出理性决定呢？这一点都不难。例如在考察各个房源的时候，你可以逐一检查并比对该房源是否符合写在纸上的列表内的考虑因素，然后将结果写在空白处。接着，

你可以从以下三个角度来分析每个房源:

- 这套房子有满足列表中的哪些考虑因素?
- 这套房子没有满足哪些考虑因素,这些因素本身有多重要?
- 不同房源的优势和劣势是什么?

通过列出这样的列表,那个需要考虑很多因素的买房决定就不难做出了。

考虑最重要因素法

与考虑所有因素法相反的一种方法是考虑最重要因素法。这种方法相对而言更简单,有时更能派上用场。简单地说,考虑最重要因素法聚焦那些非常关键的影响决策的因素。至于哪些因素非常关键则取决于决策者的判断。

然而,它的缺点也很明显。假设你现在要买一部新手机,哪些是你考虑的因素呢?价格?合约绑定期限?这样的话考虑的因素就复杂起来了:如果有合约绑定,期限一般多久?网络信号好不好?尤其是你所居住的区域信号如何?如果是在旅途中,信号又如何?你看,考虑最重要因素法很快就遇到了瓶颈,因为它完全简化了现实世界。我们先入为主地认为某一个考虑因素是最重要的,完全忽略其他的因素,最后基于错误的前提做了决定。

不过,尽管这个方法有上述明显的缺点,我们还是不能彻底忽视它。它适合用在日常生活的很多小事中,尤其是当你不太确定如何做决定,需要有个推力帮一把的时候。除此之外,它也能让我们意识到决策过程中哪个因素是最重要的。

切片法

我们通常把要做的决定视为一个整体来考虑。尤其在做重要决定时，我们希望能对事情有全局性的了解，然后从中筛选出最佳选项。但实际上这种做法会让人心生畏惧，因为我们可能只看到"大局"，就好像面前是一座巍峨的高山或一只巨型怪兽一样。这会让我们对做这个决定感到害怕，想赶紧逃走。不少人在面对这样的情况时会开始拖延，把要做的决定放着不做，转而去做别的事情。

针对这种情况，切片法可以提供解决办法。切片法将需要解决的问题切分成小块，借此简化做决定的过程，让做决定更容易。就像剥洋葱一样，我们一片一片剥除，并逐一观察每一片的情况。如此一来，一开始那种要做一个很大的决定的恐惧感就解除了。

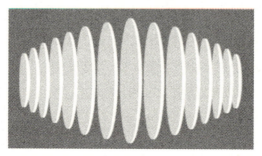

让做决定变容易的原因是，你现在不是直接做一个重大决定，而是做很多很小的决定。这些很小的决定可能后来也会被证实是错误的，但是这些错误只与相关的零星小决定有关，并不会对重大决定产生很大影响。

所以，切片法非常适合帮助做重要的决定，加快我们做决定的速度。

例如，择业问题就可以切割成无数个小块来加以考虑。与其问自己"我该做什么工作?",不如问自己"我想跟人打交道吗?"我今后想选择坐办公室的工作吗?"或者"我喜欢直接对接客户吗?"每回答一个问题,对问题的整体概念就越清晰,需要做决定时就越不会害怕。

但是,这个方法也不是没有缺点。相较于我们在前面提到过的赞成和反对清单等方法,切片法没有权衡各个问题的重要性,也不提供分值评估;它无法给出明确的结果和方向,也无法将不同选项进行比较。但是切片法可以将问题进行有意义的分割,从而降低问题的复杂度,帮助我们战胜做决定的重重阻碍。

转换立场法

有时候我们会遇到这种情况,已经思考、琢磨、分析了半天,耗尽了脑细胞,可到最后还是没能得出个结论来,而这其实是因为我们给自己设立了障碍。这时如果我们从自己的角度思考就很难做出决定,思维会不停地原地打转。只有转换立场才能产生新的灵感,甚至能有一些新的发现。

尤其当你需要处理的是容易被感情干扰的问题的时候,转换立场法可以帮助你迅速厘清状况。假设你现在必须整理房间,因为地下室和柜子里物品塞得太满。但是,所有要扔的物品都让你陷入回忆,或者你会觉得有些物品以后可能还会用到,现在扔掉太可惜了。于是,你一直纠结到天黑,地下室和柜子里的物品始终没有变少。在做决定的过程中,代入越多的感情因素,就会越看不清事实,也会越容易自我欺骗。

如果你意识到自己真的非常需要腾出空间,比如你需要腾出地方放新买的一些暂时用不上的物品,那么,除了进行立场转换外别无他法。可惜的是,知易行难。想从不同的角度看一个决定就必须真的进行立场的转换,许多人做不到这一点。出于偏见和刻板印象,他们宁愿墨守成规。

摆脱这样的自我设限是困难的。这时候，不妨问自己一个乍看很简单的问题："如果是你的朋友遇到这个问题，你会怎么建议他？"这个问题强迫人做视角的转换，而且，众所周知，在大多数情况下我们看别人的事情总是比看自己的事情更清楚。

使用这个方法的前提条件是对自己真诚。只有做到这一点，转换立场法才能发挥作用，我们也才能看清自己的目标和各个选项的优先顺序。

最佳情况与最差情况分析法

要做决定的人就好像站在一个十字路口。他们的视线首先会关注各种选项，这些选项好比每条分岔路。然而，他们没有进一步思考这些分岔路后续可能的情况，因为每个选项接下去都可能有正面或负面的情况出现。

这个时候，最佳情况与最差情况分析法就能派上用场了。这个方法分别对最佳和最差两种情况未来可能的发展轨迹进行比较与评估。

它的原理很简单，就是为每个选项假设一个最佳和最差情况。我们在使用这个方法时，可以有意识地考虑每个选项的优缺点，并观察可能产生的结果。

最差情况主要分析的是未来最有可能发生的坏事，但是这个用词和悲观主义无关，而是作为排除选项的判断标准。一旦在分析中发现某个选项会导致一个灾难性的后果，那么，这个选项就可以直接排除出去了；反之，假如最差情况发生的概率极低，而且即使发生了后果也没那么严重的话，那么这个选项就是可以考虑的。

这里我们可以举关于投资的例子。投资的最差情况是所有投入的资金打水漂。以彩票来说(也算一种投资),我们只投入了很小的金额,即便全部赔光也在可承受损失的范围内,最差的情况也不算糟糕。然而,假如我们把所有的养老金投入股市,情况就不一样了。这个投资举措可能会成功,但也可能不会。没有做好承担相应风险准备的人最好还是换一种投资策略,哪怕一旦走运高风险的投资可以赚到一大笔钱。

问自己四个重要的问题

并不是只有前文提到的精心设计的方法才可以帮助我们做出决定。必须承认,以上方法对于克服选择障碍和厘清可能的后果都是有用的。但是有种方法更简单,也不需要图像,那就是问自己四个重要的问题。这个方法融合了其他各种决策方法,可以给僵化的思维重新注入活力,帮助我们做决定。

1. 我有没有正视现实?

从客观角度来看,最好的决定往往并不容易做出,也不受欢迎。或许,人们会发现继续走某条路前方是死胡同,而唯一的出路是折返。这样想当然令人感到懊恼,因为我们原本期待的是另一个结果。众所周知,真相有时让人痛苦。但是,为了避免我们在短时间内又在原地打转,在决策过程中面对现实是很有必要的。

2. 我是否已经充分考虑了所有的可能性?

我们很容易爱上第一个跳出来的选项,并把后面其他选项都视为是错误的。少数情况下这样做当然可行,但在很多时候则不然。我们常常因为没有充分考虑到所有的可能性(包括不去做决定本身这个选项)而做出错误的决定。所以,这个问题虽然必定会让你不舒服,但也能让你拓宽视野。

3.我是否清楚可能的后果？

在我们对可能的后果感到惧怕的时候，选择障碍会出现，让我们迟迟不敢做决定。然而，那种惧怕有根据吗？我这么说并不是提倡用天真的眼光去看待事情，而是说，我们应该对情况做现实的评估，既不要有毫无根据的恐惧，也不要粉饰可能的错误。

4.我们的直觉怎么说？理性脑又怎么说？

如果决定迟迟无法做出，那就换个方式思考吧。因为我们的直觉常常会发现理性脑无法发现的盲区，反之亦然。因此，只靠直觉或者只靠理性脑来判断事情是不明智的，这样会剥夺我们做出更好的决定的机会。请好好利用你的感知能力，不要有非此即彼的"不是……就是……"思维，很多事也可以是"既是……又是……"的。

时间旅行法

看过电影《回到未来》(*Back to the Future*)的人无不曾想象过，这样的时空旅行能够给人类社会带来多少新的可能性和福利啊！其实，我们当下的决定对未来的影响也可以通过这个方法分析，甚至在必要的时候进行修正。

电影中布朗博士和马蒂·麦佛莱使用的时间旅行技术在现实世界可能还需要很多年才能实现。然而，你现在就可以使用时间旅行法帮助自己做决策。这个方法跟转换立场法非常相似，也是帮助我们和当下的决策障碍保持一定的距离，方便我们在更大的范围内审视情况。

前通用电气总经理杰克·韦尔奇(Jack Welch)的夫人苏茜·韦尔

奇(Suzy Welch)在前些年首创了"10-10-10"模式。这个模式由三个简单的问题组成：

- 我的决定对 10 天后会有什么影响？
- 我的决定对 10 个月后会有什么影响？
- 我的决定对 10 年后会有什么影响？

这个方法虽然看起来很普通，但是可以让我们在做决定时聚焦于未来的长期性影响。想要找新工作的人不妨使用这个"10-10-10"模式的时间旅行法，问自己这个职位是否真的能把你带到 10 年后想去的地方。

不过，要用时间旅行法的话还必须满足两个条件：必须诚实地自我反省，并且对未来有尽可能现实的预估。

第十章

要做决定了！没时间或没灵感怎么办？

五大经验法则教你如何在紧急关头做决定

上一章介绍的很多决策方法都很实用，可以帮助人又快又好地做决定。但是，万一我们现在面临必须"在这里、立刻、马上"做出一个决定，又没有那么多时间来画思维导图、决策树和各种表格呢？

其实，我们在紧急关头要做决定的时候还是有一些经验法则可循，而且遵循这些法则有双重优点：一、提升我们的信心，促使我们独立做出自己的决定；二、提高我们做出正确决定的概率。

接下来，如果你没有兴致做表格计算或用决策树分析的话，请你记住以下这五大经验法则。

法则一：维持最初的判断

在第八章中你已经知道，为何我们如此热衷于折回到最初的决定。这样做其实挺好的，如果没有时间对所做的决定进行反复思考，我们大可以相信自己的第一判断。因为我们的潜意识清楚什么是正确的，尤其当我们在所要做决定的那些领域拥有相关经验的时候。

法则二:选择最熟悉的选项

当我们要在多个选项中快速做决定的时候,最好选择最熟悉的那一个。这听上去很简单,甚至简单到让人难以置信。

但是,这样做真的有用吗?这其实就是"识别启发法"(recognition heuristic)。这个术语虽然看上去复杂,但描述的现象很简单:如果我们选择熟悉的选项,通常也就能做出更好的决定。因为知名度(熟悉度)和决定成功的概率之间存在正比关系。

例如,当你要在一个不知名品牌和一个知名品牌中做出选择的时候,"识别启发法"会建议你选择知名品牌的商品,不过这个规则没有把价格等方面的差异考虑进去。

法则三:选择优点最多的选项

每个选项都有优缺点。裙子到底要买红色的(更显眼)还是黑色的(更显瘦,可以在很多场合中用到)?要吃多汁的牛排(易有饱腹感)还是吃烤金头鲷(油脂相对较少,热量低,更健康)?现在,我们可以用前面提到的一些决策方法,反复权衡每个优缺点。然而,这样做要花费一定时间,为何不舍弃对优缺点的权衡,专注于优缺点的数量本身呢?

这就是英国人的"道斯法则"(Dawes' rule):选择那个单纯从数量上来说最多优点的选项;而针对高风险的决定,这个法则就要反过来运用,即选择那个单纯从数量上来说更少缺点的选项。

法则四:跟从大多数人的选择

不少人对自己的个性和头脑颇为自豪,喜欢强调自己不随大流。这种个性值得称许,然而,紧急关头要做决定的时候还依旧保持就不见得是聪明的行为了。此时我们最好还是把自己的个性暂时放一边，屈从于从众心理。

这跟随波逐流无关，我们只是顺应了群体智慧。换言之，如果一个人不知道怎么办才好的话，综合大多数人的选择通常会做出更好的决定。

英属哥伦比亚大学的伊丽莎白·W. 邓恩（Elizabeth W. Dunn）、哈佛大学的丹尼尔·吉尔伯特（Daniel Gilbert）以及弗吉尼亚大学的蒂莫西·D. 威尔逊（Timothy D. Wilson）等三位学者曾经有一合作课题研究了这样的问题：应该相信自己的判断，还是听取他人的意见为好？研究的结果非常令人意外，他们不仅在购物决定上有发现，在恋爱和婚姻关系的决定上亦然。

三位学者安排一组女性受测者根据照片自己选择约会对象，同时为另一组女性受测者安排其他女性为她们挑选约会对象，并且后一组受测者要相信他人为自己做出的判断。

由于人都倾向于相信自己的判断，我们很快能猜出，大多数女性希望决定权掌握在自己手里。那么，哪一组女性受测者挑选男人的品位更好呢？竟然是让其他女性帮忙挑选的那一组！而且，比起自己挑对象的那组女性，让其他女性帮忙挑选的那组在后续的约会中也明显对约会对象的评价更正面积极。

法则五：追随有成功经验的人的选择

如果你不想随大流的话，也可以找一个榜样并向对方看齐。很显然，从逻辑上来说，这些成功人士必然已经做过一些成功的决定，具备一定成就，因而适合担任这样的榜样角色。尤其在一些我们由于缺乏专业知识而难以做判断的领域，如果不跟随成功人士的意见，做这类决定会耗费我们非常多时间和心力。

在股票交易市场中，有些网络平台会提供查询金牌交易员的交单情况的服务，可以让人可以追踪他们在金融市场上的买卖决策（虽然只是在很小的范围内）并跟单。这就是将"追随有成功经验的人的选择"这一法则成功发展为商业模式的例子。

但是，即使这样跟着下单也并不能保证一定获利，哪怕是金牌交易员也不免马失前蹄。如果你恰好跟着下了这一单，那你就倒霉了。不过，反正你就算自己做决定也并不能保证万无一失。

思路卡壳时找到灵感的五个方法

假如上述方法都没帮到你，这里还有一些心理学方法。我们的脑细胞不仅在处于睡眠状态时特别活跃，在很多其他地方也都会迸发出意想不到的灵感，许多名人都有类似经验。

1. 洗澡时有了灵感

对有些人来说，淋浴间是处理个人卫生问题或者五音不全者唱歌的地方；而对另外一些人来说，淋浴间特别适合找到清晰的思路。据研究，有 72％的人说自己曾经在洗澡的时候想到了最棒的灵感。

最著名的例子是关于阿基米德的。据说，他在洗澡时突然想明白由于金和铅的密度不一样，所以质量相同的情况下体积不同。他大声欢呼"我想到啦！"，然后赤身裸体地冲到了大街上。

根据美国知名导演伍迪·艾伦（Woody Allen）本人所述，在思路卡住的时候，他通常会在洗澡或者刮胡子的时候找到灵感。

2. 马桶上的灵光乍现

对大脑来说，马桶这个旮旯儿并不是平静之处。根据德国最大的职场论坛网站职场圣经网（karrierebibel.de）的一次问卷调查，有超过十分之一的人表示"我最好的点子是坐在马桶上想到的"。

原因是，在我们上厕所这一期间大脑是处于休息但又尚未停止运作的状态，思绪会在这个时候从大脑里跑出来漫游，于是，平时我们苦思冥想也琢磨不出来的灵感就自然而然冒出来了。

说唱歌手埃米纳姆（Eminem）就曾对美国杂志《滚石》（*The Rolling Stone*）透露过，他最好的灵感是在"如厕上大号"时得到的，因为他在那里没别的事可做。

> ### 膀胱越满，决定越佳
>
> 荷兰特温特大学行为科学教授米尔亚·图克（Mirjam Tuk）的研究团队在一课题中研究了"什么时候做决定最好？"这个议题。研究的结论听上去很像是在开玩笑，但其实这是很严肃的一个结论：膀胱越满，我们越能做出长远考虑的决定。
>
> 这个关联性甚至有一个听上去不那么学术的名称：尿意效应[①]，也即抑制冲动（inhibitory spillover）。不过这背后的解释倒是有几分科学道理：谁能暂时抑制自己的尿意，谁就能抑制住冲动，从而做出顾及长远利益的理性决定。

---

① 友情提示：请理性看待憋尿这一行为，小憋有益，大憋伤身。

3. 在森林里唤起灵感

如果待在房间里一直无法做决定的话，不妨走出去试试看。真的，在森林中散个步可以让自己的思维也跟着一起漫游。因为在新的环境中，我们可以接触到新鲜的空气以及不同的声音、气味和感觉，所有这些都让大脑在做决定的时候更清醒、更灵活。

有研究表明，哪怕是做并不激烈的运动，也可以刺激大脑多想出50％的好主意。美国伊利诺伊大学的学者查尔斯·希尔曼（Charles Hillman）曾在实验中得出结论：哪怕只是休息片刻，稍微做会儿运动，都能显著刺激大脑的活动。实验中的受测者在稍做运动后，反应速度、专注能力以及迅速切换不同任务的能力都提高了。

玛丽琳·欧佩佐（Marily Oppezzo）和丹尼尔·施瓦茨（Daniel Schwartz）的一项实验研究也得到了相似的结论：在散步后，受测者的认知水平显著提高了23％。

因此，如果你现在的思绪一团乱的话，就请穿上散步鞋，走向大自然吧。这方面有很多名人的例子。尼采在钟爱的瑞士恩加丁（Engadin）山区漫步时写完了书稿《扎拉图斯特拉如是说》（*Thus Spoke Zarathustra*）。

树木甚至也在物理学的一个重要发现中起了关键作用。牛顿在1686年发现万有引力，当时他在花园里看着天空中飘过的云朵，留意到树上掉下来一只苹果；贝多芬则习惯了在吃完中饭后花很长时间散步，还带着纸和笔；作家狄更斯则常常在下午花三小时左右沉浸在新鲜空气里；哲学家克尔凯郭尔在散步后常常灵感泉涌，一回到家就冲到书桌前开写，甚至都没放下帽子、手杖和雨伞。

4. 咖啡馆里的灵感

几个朋友做伴,你一言我一语,在喝咖啡闲聊的过程中,许多本来理不清头绪的思路不知不觉中就清晰了起来。许多自由职业者喜欢从他们最喜爱的咖啡馆的氛围中汲取新的力量和想法。例如,有时光闻到新鲜咖啡的香味就足以产生正面效果,让人灵感泉涌。韩国首尔大学的研究人员通过实验证实,咖啡的香味可以减轻压力,让人更清醒也更乐于做决定,并且做的决定还更好。

5. 车上的灵感泉涌

这并不是呼吁大家不去注意观察交通状况。恰恰相反,只要你一边好好开车,一边随着音乐嘴里哼着歌,光这样就已经具备充分的条件,让你能够找到灵感,轻松做决定了。

不仅是在车上,在其他地点也一样。你不把注意力集中在要做的决定本身,而是专注在别的什么事情上,反倒可能灵感泉涌。

宜家的德国总监(如今是全球人力资源负责人)佩特拉·黑塞尔(Petra Hesser)在一次访谈中谈到,有时候她一边开车,一边思考某些情境的解决方案,以致常常错过立体交叉道。

> 👍**睡个好觉对做决定有帮助吗?**
>
> 几乎所有人都听过这类建议:睡个好觉吧！明天起来,世界就会不一样啦！坦白说,这类建议有时是会让人挺恼火的。我们想要的是精神支持和建议,结果对方给你的却是口头上的安眠药。

不过对方并没有说错。我们的大脑在睡眠中不仅会继续学习，还会吸收大量资讯和淘汰无用信息，而且感受不到压力。而"我必须现在就找到答案"这种思维反而会起到反作用，让大脑处于宕机状态。

因此，往往就在我们放空或者进入睡眠状态时，更容易想出最好的主意和答案。科学家把这种大脑空载的状态称为"默认模式"(default mode)。这种状态下的大脑可以将经历过的事情进行妥善加工处理，并且让接收到的资讯之间产生新的联结，如此一来，就创造了在做抉择难题时找到最佳答案的完美条件。

第十一章
这不是我最初想要的

决定做出后，我们就开始不满了

以丹尼尔，我的一个好朋友为例。他有一个好玩又可爱的怪癖。每次我们出去吃饭，大家各自点好的美食被端上来后（而且假设我点的内容跟他的不一样），他总会有些羡慕地望过来，然后突然对自己点的不满意了："你点的看上去比我的好多了。"或者，"唉，我应该等一下的，看你点什么，这样我就会做不一样的决定了"。

我倒觉得，他最好还是不要这样做！因为无论如何，丹尼尔都可能会对自己的决定不满。这个怪癖与羡慕别人的东西无关，而是与日常生活中常常发生的一种心理状态有关。无论是出去吃饭、购物，还是进行休闲活动，我们都能观察到这种心理状态：即便做了最充分的准备、调查和规划，我们对自己的决定也会很快感到不满，并突然被别的选项吸引——怎么当时就看漏了这个呢？

无论是大的、小的、重要的还是无关紧要的决定，一旦做出，被定下来的选项就会顿时失去曾经的光彩，而其他被排除的选项突然熠熠生辉了起来。尽管我们（尤其是男性）成功做出决定后会获得幸福荷尔蒙的奖励；但是大脑也时常会突然作弄一下我们，令我们怀疑自己做的决定是否正确。

于是,我们开始批判地看待自己目前的状态,同时还幻想出了一个"假如做其他选择的话"的理想状态。在这个理想状态下,每个细节都很完美,远胜于现在。这么一对比下来就糟糕了,越来越多我们之前没有注意到的当下状态的瑕疵开始显现出来。

例如我的朋友丹尼尔。他看到自己面前的牛排固然挺美味,但是我盘子里的鱼更清淡些,更适合作为晚餐,也更少卡路里。至于配菜,他想的是:"为什么我点的是油腻的薯条,而不是简单的蔬菜沙拉或者其他什么蔬菜呢?"之前,他脑海中想象的还是一块多汁的有机牛排会让他口水直流。现在,他懊恼万分,无心用餐。

更糟糕的是,无论是好好劝说还是理性论证,这种不好的感觉始终是挥之不去的。我们现在无法推倒这个既定事实,但又注意到了决策的遗憾,也深知整个决策过程是不可逆的。于是,思绪就全都围绕着糟糕的那一面打转了,让我们无法再用以前的眼光看待已经做出的这个尚可的决定。

把当下状态和理想状态做比较会让我们寸步难行,毕竟有什么比经过反复琢磨的理想状态更完美的呢?此外,这种比较本身就建立在错误的认知上,因为我们忽略了其他被我们摒弃的选项也有各自的缺点。我们瞬间忘了当初是经过怎样一番权衡才做了如今的选择,而是心心念念地想着其实原本还可以有别的选择。

这背后的现象是一种常被用来描绘当今时代焦虑的心理——错失恐惧症(the fear of missing out)。这个时代焦虑的最典型特征体现在手机上。我们总是把手机捧在手上,随时跟进身边的亲友或者网友的生活状态。

当我们浏览脸书(Facebook)等社交平台的动态消息时,这种焦虑感就更严重了,因为我们会从中发现别人在做我们没体验过的事情,拥有我们没有的东西。我们会想,是不是别人玩得更开心呢? 是不是别人的食物更好吃,聚会更精彩,度假地点更有意思呢? 一旦有了不满,这种感觉就挥之不去了,一整天因此闷闷不乐。这种感觉实在太糟糕啦!

这个时候,我们应该把重心放在当下,遏制大脑里这些负面情绪搅乱心神,用以下这些方法淡化焦虑感。

1.重新认清现实

虽然我们无法对做出的决定的缺点视而不见,但是应该提醒自己,其他的选项也不是没有缺点。你的潜意识已经把这些被排除的选项的地位拔得非常高。现在,请你把它们放下来,冷静审视每一个选项的缺点。如果遇上特别困难的决策情况,可以列出每个选项的缺点清单。这样一来,你会发现完美的选项并不存在,而目前已经做出的决定也就不会再那么令你不满了。

2.接受选择的结果

我们其实应该庆幸曾经有很多各有优点的选项可选择,但同时也必须认识到,那些其他选项由于这个或那个原因最终没能说服我们,而目前选择的这个是说服了自己的。因此,我们必须接受这个结果,如若不然,也只是徒增我们的烦恼和不满而已。

3.为你的决定感到高兴

请关注这个脱颖而出的选项正面积极的一面,享受它带来的好处,并且和亲友分享做出这个决定带来的成就。在与人分享诉说的过程中,你不仅可以得到他人正面的反馈,还可以驱散自我怀疑的感觉。

其实，更聪明的做法是一开始就不要让这些负面情绪和自我怀疑出现。对此，我也有两个小方法可以分享。

1. 增加一些保障

这个方法很早就在商界得到利用，其专业术语为"退换货权"。商家这么做，一方面是为了让顾客更容易做决定，另一方面是为了让顾客在做出决定后能够长期保持满意。

简单来说，它的意思是指在一定时间内，你有权撤回已做出的决定而无须承担任何后果。当然，商家推出退换货权的关键目的并不在于顾客是否真的行使了这个权利，而是希望顾客光是想到"假如我想退换货，我就可以……"就足以安心。

那些常常陷入自我怀疑的人可以使用这个方法来给自己多点保障。他们可以给自己保留撤销决定的选项，特意给自己留有后路。不过，如果他们每次做完决定之后又去撤销，也会因此掉入陷阱。因为这样会产生反效果，让自己陷入决策瘫痪。

2. 相信自己的决策能力

我们平时用什么态度评价自己的决定，也会影响我们对这个决定的满意度。例如，自认为常常做出错误决定的人通常会在自己的决定中看到更多缺点和不足。这样就会产生一种自我预设结果的效果。其实，如果多想想优点，事情的结果反而会变得更好。因此，请减少对自己的批评，相信自己可以做出最好的决定。

👉为何团体决策会偏离个人的本意？

1974 年，乔治华盛顿大学的教授杰里·哈维跟他的夫人和父母一起去家乡阿比林旅行。事后证明，这并不是一个好决定。他们发现，最后选择了这个目的地是因为大家都假设了其他人想要生活中来点不一样的变化，但其实所有人都宁愿待在家里。

为什么会发生这样的事情呢？

具体来说，选择目的地的时候，每个人都选择了那个他认为别人也会认同的选项。或者说，有些选项给人一种印象，让人以为它会在所有人那里获得赞同。但事实上，这是基于错误的感知。我们只有在事先沟通（而且是经常性的沟通）后才能知道别人会不会选择某个选项。如果没有足够的沟通，有些人的沉默不语就常常被错误地理解为是一种赞同。这个现象后来被称为"阿比林悖论"（Abilene paradox）或"投射偏见"（projection bias）。

幸运的是，用两个很简单的技巧就可以避免这种情况。

✓　诚实说出你的想法

在团体决策时，这个方法是最有用的，也给了其他人表达自己想法的机会。虽然这需要我们一些勇气，但是诚实说出各自的想法往往会让结果更好。

✓　询问别人真实的想法

你可以打破沉默。稍微鼓励一下对方，这样会让对方更容易给出真诚的回答，误解也可以因此避免。

第十二章
设定人生目标的诀窍和方法

没有明确人生目标的人会缺乏方向感。不断涌现的选项让他们手足无措，陷入犹豫，最后无法做出决定，因为他们对自己的行动缺乏安全感。

去了解你真正想要的是什么吧！这句话听上去很简单，但对千禧世代的人来说，思考自己的人生目标这个问题本身就足以让他们陷入人生意义危机。据一份研究显示，如今 18 岁到 33 岁的年轻人普遍缺乏明确的人生目标。德国巴特洪堡应用技术科技大学对千禧世代做过一次调查研究，共收回 1010 份问卷，结果显示，只有半数的千禧世代像上一辈人那样拥有明确的人生目标。对他们来说，与其以固定的人生发展模式为目标，不如随遇而安。

事实上，人生目标不仅可以为我们的人生提供方向感，而且，拥有人生目标的人寿命也更长。

这不是开玩笑！由加拿大卡尔顿大学心理学家帕特里克·希尔（Patrick Hill）领头的一个研究团队对 7000 名 20 岁到 75 岁的美国人进行了长达 14 年的研究。在这期间，研究人员定期询问他们的人生目标，让他们针对以下三种人生观发表自己的态度和观点：

- 有些人一辈子都没什么人生目标，但我不是这样的人。
- 我生活在此时和此地，不去思考未来。

- 有时候我觉得自己已经拥有了人生中的一切。

结果显示，那些表现出有人生目标的人这些年来普遍身体更健康，对生活的满意度也更高。更惊人的是，研究人员发现，那些在高龄时依然拥有人生目标的人活得比那些没有目标的人更久。

拥有清晰的人生目标还有其他正面积极的作用。例如，如果我们做事没有明确目标的话，就很容易在受挫后马上放弃；而目标明确的人会随时做好克服挫折和打击的准备，同时也有更强的自信心。设定一个目标并达成它不只会让我们高兴于自己做了个成功的决定，还会让我们觉得，只要我们想做成某事，就可以成功做到。这种经历会给我们传递正面积极的自我意识，让我们未来做其他决定时更有信心。

我们可以将目标划分成短期和长期目标。

短期目标必须是可以让人一目了然的。例如，不要贸然报名参加马拉松长跑，因为没有定期训练长途跑步的人是不可能一次就跑完42公里的，最好还是设定目标从每天跑10公里（或者5公里）开始练起。这样做可以避免你一上来就很快有受挫感和失望感。只有清楚自己的长处，短期目标才能发挥作用。例如，假如对你来说，了解一门外语的语法和句子结构比较困难，那就不要把学外语放进短期目标的类别里了。在你设定目标前，可以事先评估难度，诚实地与自己的能力做一番比对。

长期目标应是有挑战性的，是你无法短时间内达成的。它可以是职场的晋升，也可以是为了买海边度假屋攒钱。短期目标就像百米跨栏，虽然你必须动员全身所有力量到达终点线，但终点是你可以看得见的。长期目标则不然，它可能跨度为好几个月，甚至好几年。它更像是一场远足，途中可能碰上爬坡路段，或需要克服不可预测的状况。为了让这个目标始终维持在你的掌控范围内，你必须设定阶段性的目标。

这样一来,你可以一直体验到一个又一个小小的成就感,而且可以更长期地保持努力。

不过给自己的目标设定一个时间表仅仅是成功的一半。为了最后执行成功,怎样描述目标也很重要。

1. 目标描述要精确

在跨年夜,我们常常听到"新的一年里我希望多做运动"之类的愿望。如果用这种形式描述自己的目标的话,往往一开始就会遭受打击,因为表述太空泛,也没有明确的行动方向。结果是,我们做这件事的动力会转瞬即逝。我的建议是,尽可能描述目标的具体内容。例如,我要做什么运动? 独自训练还是和同伴一起? 运动频率如何? 必要时可以依照典型的 4W1H 法进行思考:谁(who)? 什么(what)? 何时(when)? 何地(where)? 怎么做(how)?

2. 把目标写在纸上

这样做不仅能够帮你理清思路,还能赋予这个目标一种责任感,起到警示或提醒的作用。至于你把这张纸贴在哪里则是个人喜好问题。你可以贴在你经常会路过的地方,例如冰箱上、浴室镜子上,或者自己的电脑桌面上。这样一来,你始终看得见目标,并觉得自己有责任去努力实现它。

3. 正面表达

措辞本身就可以影响人的动力。假如你定下目标说:"我不想再这么肥了。"你会不会因此有了动力,晚上少吃点巧克力,多去健身房呢? 可能不会。问题出在措辞上。这个措辞从一开始就跟负面的感觉联系在了一起。这样一来,你的行动欲望就会少很多。给自己打气是更好的选择。例如,你可以这么说:"我想在夏天穿这件超棒的比基尼!"语言可以塑造我们的感觉。如果你用正面的、鼓励性的语言来表述自己的目标,那么,这样的积极语言也会影响到你内心的态度。

人生中最重要的六个领域

对大多数人来说,人生中有六个领域至关重要。我们在这些领域里做的决定影响范围最大,设定的优先序也会大大影响我们的幸福感和满意度。这六个领域是:朋友和家人、工作和职业生涯、健康和身体状态、家和居住空间、金钱和财务情况,以及休闲和爱好。

设定人生目标本身也是可以练习的能力。在下文我设计了一套表格,请你为此腾出足够的时间来填写。与此同时,我可以向你承诺,你在这里收获的以及最后做出的决定会给你很大的安全感,帮你理顺人生方向。那么,我们现在就开始吧。

1. 朋友和家人

人生伴侣、孩子、父母和朋友丰富了我们的人生。在日常生活中,我们有时会忽略他们存在的意义,各方面的压力、工作任务和行程占据了我们的时间,让彼此的关系笼罩阴影。但冥冥之中,每个人都能感受到,可以从朋友和家人那里获得最大的力量。

2. 工作和职业生涯

工作和职业生涯是形成自我认同及自我价值感的重要组成部分。许多人纯粹根据自己的工作来定义自己。工作上承担的责任、面临的挑战和整个职业生涯发展等不仅决定了我们对自己的满意程度,也为我们的行为赋予价值和意义,尤其是当我们屡屡成功或者实现了自己的工作目标时。

3. 健康和身体状态

前面提到了工作、朋友和家人,但假如我们失去了健康,所有这些都无法再拥有。我们对自己的身体有很强的依赖性,但是对它的照顾又太少。我们不愿常花时间运动,也不愿意注意均衡膳食。至于享受充足的睡眠,对有些人来说都觉得是一种浪费。其实,我们应该用心关注身体状况,因为这对我们的人生有长远的影响。

4. 家和居住空间

家是可以给我们安全感的避风港。工作压力越大,生活越匆忙,我们越希望能回到家享受平静。对许多人来说,拥有一个温暖的家是最重要的事。根据 2015 年的一项针对居住的研究结果显示,一个温馨的家甚至比拥有昂贵的汽车或者常常出去度假更重要。

5. 金钱和财务情况

人们总说,金钱支配着这个世界。金钱有时确实会左右我们的决定,比如从事什么行业,住什么样的地方,开什么样的车。金钱虽然让我们无法做出超出能力范围的决定，但是它可以让我们实现经济独立，甚至实现财富自由。因此，很多人的人生目标是努力赚钱。

6. 休闲和爱好

如果人的生活只有睡觉、吃饭、工作，下班后回家在沙发上躺好几个小时的话，这样的人生未免也太无趣了。谁愿意过一成不变的日子呀？兴趣爱好是让人从这个循环里逃出来；而休闲时间主要指的是我们可以按照自己的心情和喜好来安排、度过、享受或者浪费时光。

我们可以利用空闲时间在乐队玩音乐，在花草树木丛中做园艺，在瑜伽教室里做伸展练习等。无论拥有什么兴趣爱好，我们从空闲时间里获得的能量都会正面积极地影响其他的人生重要领域。

心理测验：三步走，找到自己的人生目标

为此，我们可以逐一检视人生中最重要的六个领域，并找出最关键的目标。在下面表格的第一部分，你会看到一系列关于"现状"的问题，这些问题可以帮助我们了解自己当下的状态。在第二部分，请你回答与"目标"有关的问题。把眼光放到未来，思考想实现的目标是什么。请记住，第二部分才关注"未来"。在回答这些问题时，你可以在表格右侧相对应的位置写下一些关键词。第三部分，即最后部分，你会非常清晰地找到每个人生重要领域的目标并对如何实现有了"计划"。

我们先从"现状"开始。

问题	答案
1. 朋友和家人	
我引导了和睦的家庭/朋友关系吗？	

续表

问题	答案
我跟家人的关系如何？	
我把谁看作真正的朋友？	
2.工作和职业生涯	
我有哪些天赋和能力？	
工作上我已经取得了什么成就？	
我对目前的工作满意吗？（环境、薪水和工作任务）	
3.健康和身体状态	
我处于何种健康状态？	
我睡眠充足吗？	
在日常生活中我压力有多大？	
我注重健康饮食吗？	
我有定期做运动吗？	
4.家和居住空间	
在家里我觉得开心吗？	
我是否根据自己的喜好和设想布置家？	
住处有什么令我感到困扰的地方吗？	
5.金钱和财务情况	
我目前的财务情况怎样？	
我每个月有多少固定支出？	
收入扣除支出后，我是否有足够的余钱来存下一笔储备金？	
6.休闲和爱好	
下班后我有多少休闲时间？	
我如何度过我的休闲时间？	
做什么休闲活动让我觉得有意思？	
忙碌一天后，做什么事能让我彻底放松？	

在你对自己的现状已经了解清楚之后，接下来轮到思考"目标"了：你想要实现什么？想要改变什么？

问题	答案
1.朋友和家人	
我是否希望有更多时间陪伴另一半？如果是的话，我要如何做到？	
我可以做什么让我的另一半感到幸福？	
我该如何让另一半知道，她/他对我很重要？	
我该如何更好地维护朋友关系（或者认识新的朋友）？	
2.工作和职业生涯	
我想学会什么新技能？	
我想在工作中积累哪方面新的经验？	
我职业生涯的高峰应该是什么样的？	
我想创业吗？	
我想换一份工作吗？	
3.健康和身体状态	
我想改变什么不健康的生活习惯？	
我想养成什么健康的生活习惯？	
该怎么做，我才能让自己保持规律运动？	
该怎么做，我才能减轻压力？	
如何调整饮食结构才能吃得更健康？	
4.家和居住空间	
我想要怎样的居住环境？	
目前家里的布置还可以做怎样的改变？	
搬家（或者去另一个城市、另一个国家）会不会让我离理想的居住环境更近一些？	

续表

问题	答案
5.金钱和财务情况	
我很想买得起什么物品？	
在哪些方面我可以节省开支,好存下一笔钱？	
我可以为我的养老做什么财务规划？	
6.休闲和爱好	
哪些消遣活动可以成为工作之外的调剂品？	
我如何更好地利用休闲时间？	
哪些爱好(例如冲浪、玩帆船或滑翔机……)是我想拥有但没有拥有的？	

　　等你回答完所有问题后,右边一列已经满满的都是你的愿望和计划了。

　　现在最关键的是,请你整理这些列表并排出优先序来。

　　请你回看在表格里写下的内容,并为每个人生重要领域写下最重要的一个目标。这样做的目的是让人把注意力聚焦在真正重要的事情上。例如,你的目标是希望每天有一个小时陪伴孩子,并且每个月和另一半外出用餐一次。

　　最后,请你写下"计划"如何实现这个目标。它可以是一整个星期的休闲活动计划表,也可以是一份你以后要和另一半去品尝的餐馆清单。只要写下大致内容就够了。

人生重要领域	最重要的目标	如何实现目标？
朋友和家人		
工作和职业生涯		
健康和身体状态		

续表

人生重要领域	最重要的目标	如何实现目标？
家和居住空间		
金钱和财务情况		
休闲和爱好		

你是否注意到了？在这个问题密集的测验中，你不仅做了大量重要的思考(或许有些事情是你现在才意识到的)，而且也做了相当多的决定，还设定了自己的(!)人生目标。太棒了！这样做有两个好处。

一、你现在学到了，即便是关于工作或家庭之类的核心问题，做决定也可以很容易。关键就在于如何突破复杂的关联性，将问题进行系统的分类，前面介绍过的切片法就属于此类。

二、更重要的是，你现在知道自己真正想要的是什么了。了解这些目标会让你更容易做出日常生活中的大量决定。例如，你希望跟另一半有更多时间相处(因为这会让你感到更幸福)，可是现在能规划出来的休闲时间已经不多，那么，这时候在工作上争取晋升就没什么意思了，因为这样一来你就得在办公室工作更长时间。

然而，我们并不能通过一次测验就一劳永逸地弄清楚我们在人生中真正想要的是什么。我们必须时不时地重复这样的自我探索，终其一生皆如此。有时，我们会改变原本的优先序和目标；有时，我们会意识到自己正在走的是一条歧途，或者自己设定的目标不如最初那样值得追求。无论如何，这是一个重要的学习过程！

为何我们有时会成为自己的障碍？

有时候，我们无论怎样做都实现不了自己的目标。幸福总是和我们擦身而过，或在别处转弯。在工作中我们只是原地踏步，而计划去环球旅行也已经沦为一个梦。其他人都成功做到了，唯独我们不行，这真是个不公正的世界啊！

将引发问题的责任归咎于其他人当然很简单：或许是上司能力不足，又不愿看到下属做出贡献抢风头；或许是我们的日常开支过大，手上没什么钱；又或者是劳动力市场不稳定，让我们不敢跳槽去找一份没那么令人沮丧的工作……

总之，推卸责任的借口可以很多，可借口背后的真相是：我们常常自欺欺人，给自己制造障碍。俗话说得好："想要做到的人会去找方法，不想做到的人会去找借口。"

其实，我们这么做是为了保护自己。当自我价值感被错误、失败和失望攻击时，我们的自我保护机制就会启动。它马上蒙蔽了我们的双眼，让我们以为都是周围环境的错，比如上司的错、嫉妒别人的同事的错，甚至是整个社会的错，不，整个颠倒的世界！正因为这样想显然会让人感觉内心舒适，我们会非常愿意相信这些内心的声音。

你有所察觉了吗？要是什么都没察觉出来倒不诚实了。我们所有人都可能时不时地陷入自欺欺人的状态中。它是一种人性的缺陷，让我们无法坚持目标，也失去了相关的决策能力。

请你回想前面我提供的关于六个人生最重要领域的练习测试，并且思考你为什么会做这个而不是那个决定，尤其当你在脑海中删去的某些目标限制了你对未来的追求的时候。

为什么会这样？这背后的原因或许是我接下来描述的。很多人常常因为下列这些习惯而自我设限，从来没有彻底发挥自己的潜能。

1. 为自己找借口

"我不够好"或"这是不可能完成的"这样的说法会让我们太快就认

定某些事情注定会失败。但真是如此吗？这样的想法会导致我们回避一些能使我们有所成长的挑战。

2.不相信自己的能力

每个人都会经历一些自我怀疑的时刻，我们会自问是否能应对当下的情势。然而，长期怀疑自己能力的人是很难有所成就的。因此不妨随时提醒自己有哪些长处，或者目前已经达到哪些成就。如此一来，你会拥有更多自信。只有相信自己能力的人才能达成目标。

3.被爱抱怨的人影响

世界上永远有质疑你目标的人，他们就等着看你失败。如果我们让这种喜欢负面思考的悲观主义者待在周围，早晚我们会失去向前的动力。虽然这么说听上去有点冷酷，但是，请尽量避开这类人吧。

4.视自己为单兵作战者

比尔·盖茨、沃伦·巴菲特或香奈儿女士，他们都以非凡的成就著称，并成为许多人仿效的对象。但是要达到像他们这样的成就，只是全力以赴、努力工作并坚持不懈是不够的。想要实现目标，还需要贵人和帮手，这些人可以在必要时向我们提供咨询意见或指出我们的错误等。

5.忽略自己的兴趣爱好

专注于达成目标是件好事，但是，我们不能把自己变成实现人生目标的奴隶，更不能因此变得视野狭隘。即使你真的很想努力得到晋升，全身心投入到了工作中，也请你兼顾自己的社交和兴趣爱好。

6.不积极主动

你不主动行动的话,就只能被动等待了。可是别忘了,每段旅程都始于踏出第一步,目标亦然,我们并不会自然而然地离目标更近。这条路必须我们自己往前走,或者,换个说法:计划和现实之间的距离叫作行动。

第十三章

这些认知陷阱和思维惯性要避免

我们的认知一点也不客观

我们的世界非常复杂,而且会越来越复杂。于是,我们努力找出这个世界(生活、爱情、职场、政治和经济等各个领域)的规律,这样能降低理解世界的复杂度,看清自己在这个世界里的位置。

但是,这些规律其实也会沦为刻板印象和偏见。例如我们默认金发女人头脑笨,身材高大的男性事业成功,德国施瓦本(Swabia)人吝啬,奥弗利森(Ostfriesen)人沉默寡言,莱茵河左岸地带的人热衷社交……这样的草率归类蒙蔽了我们的感知。我们打开分类抽屉,把人放进去,抽屉关上,整个世界就这样被粗暴归纳了。

"胡说,我绝对不是这样的!"许多人会这样反驳。但其实每个人都心存偏见,而且这些偏见跟现实情况往往颇有出入。

脑科学家把偏见称为"过度归纳化"或者"笼统化"。我们的大脑非常喜欢这样的简化思维,一直在给各种人和情境分类。世界也因此被简单归类成非善即恶、非黑即白、不是美就是丑。

举个例子。莉莎刚参加完一场聚会,她的朋友提议载她回家,但她拒绝了。她心里想着走路也就十分钟而已。然而,刚拐到下一个街巷,她就后悔做这个决定了。这条街巷空无一人,街灯光线无比昏暗,让人越想越心里发毛。这时莉莎突然听到后面传来急促的脚步声，她非常害怕，马上加快了步伐。

然而，实际情况不一定真的危险。走在她身后的那个人不一定心怀不轨，或许只是一个正巧同路的邻居而已。但是，此时此刻的莉莎无法客观地感受，她把当下的情境和以前看过的犯罪小说和刑事案件的新闻联系在了一起。莉莎之所以有这种联想是因为她的一个先入之见：在暗巷里尾随年轻姑娘的人肯定没安好心，说不定会有案件发生。

通过出身、发色、着装或职业这些外部特征判断人固然是比较肤浅的，但在日常生活中，我们却常常以此作为依据，尤其是在感到不安、有压力或者紧急情况下，更容易依赖这些信息做出快速的判断。

甚至，我们还会迎合那些加诸于己的偏见，行为向之靠拢。心理学家把这个现象称为"启动效应"（priming effect）。相信绝大多数金发的、胖的、失业的、单亲的或者离异的人都对这些"偏见"有过类似的感受。

哈佛大学的玛格丽特·施（Margaret Shih）、托德·彼汀斯基（Todd Pittinsky）和娜丽尼·安巴蒂（Nalini Ambady）三位学者曾经做过一个实验揭示了这种现象。该实验研究了两个经典的偏见：

- 女人不擅长数学；
- 亚洲人在数学科目上特别有天赋。

那么，假如符合这两种偏见的条件同时出现呢？亚洲女性的数学成绩是好还是差呢？

在实验中，三位哈佛学者安排一些亚洲女生参加数学测试，并将她们分成人数相同的 AB 两组。在进行数学测试前，AB 两组需填写一份问卷。

两组收到的问卷内容是不一样的。A 组收到的问卷是关于她们的性别,例如:请你列出三个理由说明相较男女混住宿舍,为何你更喜欢住女生宿舍。而 B 组的问题是关于她们的出身,例如:你在何种语言环境下长大? 你的祖辈说何种语言? 通过回答问卷,AB 两组分别受到了自己的女性性别和亚洲人身份的心理暗示。到这里,你是否能猜到,谁在数学测试中表现更佳?

你猜对了,B 组表现更佳。A 组的学生在潜意识里开始去迎合偏见,做出符合"期待"的表现,结果成绩不理想。

《华盛顿邮报》(*The Washington Post*)做过一个著名的实验,证明了生活中偏见的影响。这个实验研究的问题是:同一个音乐家在普通场所和特定场所演出是否会让人产生不同感受?

实验是这样的:在一个非常普通的周五清晨早高峰时间,不到 8 点,一个不起眼的男性走出华盛顿朗方广场地铁站(L'Enfant Plaza)。他穿着水洗牛仔裤和简单的短袖上衣,戴着帽子,提着一个破损的小提琴盒。在地铁站入口处与垃圾箱之间,他停下脚步,取出琴盒里的小提琴开始演奏。在接下来的 43 分钟,他用心演奏了 6 首古典乐作品。然而在这个清晨迈进朗方广场站的 1097 个路人中,只有 7 个人停下了脚步。

这些来来往往的路人并不知道他其实就是著名小提琴家约书亚·贝尔(Joshua Bell),更不知道他手里的小提琴价值高达 350 万美元。然而,同样这批路人很可能会在晚上为肯尼迪表演艺术中心的一张入场券掷下重金。

贝尔没有在这场免费的演出中收获雷鸣般的掌声。对那天清晨的路人来说,他们看到的只是一个寻常的街头音乐人,而不是世界级小提琴家。当时的贝尔既没有站在音乐厅盛大的舞台上,也没有穿着华丽的燕尾服。即使这位音乐家演奏得非常出色,路人还是被他的外表打扮蒙蔽。因为他们不会根据演奏的品质来判断音乐的好坏，而是简单地根据衣着。

2013 年 10 月，英国涂鸦教父、街头艺术家班克西（Banksy）在纽约做了一个类似的实验。他请了一位灰白头发的爷爷在靠近纽约中央公园的街边摆摊，以 60 美元一幅的价格贱卖自己的画作——当时在拍卖行，他的签名作已经拍到 7 位数的价格。

结果是，很少有人对这些画作感兴趣。英国广播公司（BBC）通过拍摄视频记录下了这次实验过程。视频中有位女性想给她的小孩买两幅画，不过是把价格砍了一半以后才决定买下的。一天下来，班克西的画最终一共只卖出 420 美元。

这次实验一经报道，震动了整个艺术界。班克西的"恶作剧"一方面凸显出艺术品市场的畸形与无知，另一方面也暴露出哄抬艺术品价格背后的巨大商机。许多纽约人或许会因此而恼恨，错过了人生中难得的捡漏的机会。

科学家把华盛顿朗方广场站和纽约中央公园的这类实验所揭示的现象称为"确认偏误"（confirmation bias）。它指的是，在处理新信息时，我们始终是在验证先入为主的想法。我们其实只听那些我们想听的，看那些我们想看的，所有不符合我们设想的可能性都被剔除出去了。

华盛顿的路人做梦也想不到，他们听到的居然是约书亚·贝尔的音乐，因为他们的思维定势里不允许这种可能性存在。这种把矛盾信息过滤出去的行为恰恰是有问题的。文学经典《美丽新世界》（*Brave New World*）的作者奥德尔斯·赫胥黎（Aldous Huxley）曾经说过，"事实不会因为被忽略就不存在"。

至于"确认偏误"通过什么方式影响我们的判断力，经济学家巴里·斯托(Barry Staw)和黄河(Ha Hoang)的一项研究可以说明。为了研究 NBA(美国职业篮球联赛)选秀结果对篮球运动员的职业生涯的影响,他们深入观察了在 1980 年到 1986 年间 241 位篮球运动员在 NBA 球场上的得分数据。

首先,两位经济学家根据以下三点对球员进行评估。

- 得分。球员在比赛中的投篮得分和罚球得分。
- 贡献。球员每分钟篮板球和盖帽数量。
- 节奏。球员每分钟抢断和助攻数量。

然后,他们将计算出来的结果与球员的出场时间进行比较。人们原本以为,那些节奏快、贡献多又得分高的球员肯定能获得更多的出场时间。然而,两位经济学家通过分析却得到了另一番结论:教练实际上是依照球员在选秀中的排名情况安排他们出场时间的。选秀排名是教练评价球员的重要指标,它成为一种标签,教练根据它将球员评定为"顶尖的"或者"差劲的"。

为了帮助大家理解这部分内容,这里对 NBA 选秀制度做个补充。新生代球员要想进 NBA,必须先通过选秀。对 NBA 球队来说,这是个选拔优秀的新生代球员的好机会。每个球队在每一轮比赛中可以选中一名球员,而且为了平衡考虑,上赛季最差的球队可以优先选秀,因此有最大的机会得到最佳的后起之秀。

斯托和黄河的研究发现,第 8 个被选出来的球员会比选秀排名比他更靠前的球员(例如第 7 个或更早被选的)平均少了 23 分钟出场时间。这个球员可能可以在场上拿下很多分数,对成功抢断或阻挡进攻做出颇多贡献,但是他身上"选秀排名第 8"的这一标签是甩不掉的。

人们原本以为,NBA 球队在这些新人加入后会重新洗牌。但两位经济学家的结论恰好相反:最先被选的新生代球员获得了更多的出场时间，也因此拥有更多机会来证明自己的能力，而这又反过来证实了教练原本的判断。

研究还发现，选秀过程中的排名对球员出场比赛时间的影响长达5年。此外，一个球员越晚被选中，他之后被转手卖给其他球队的概率也越大。

其实，不仅篮球教练是这样做决定的。试问，当你需要动一个非常有难度的手术时，你会选择请哪个外科医生操刀呢？是那个胸牌上写有"某某教授"头衔的科室带头人，还是仅仅写有"博士"头衔的一个资浅医生？大多数人或许会认为有教授头衔的人能力更强。然而，那个仅仅有博士头衔的医生或许技术更高超，也是该领域更权威的专家。

美国心理学家哈罗德·凯利（Harold Kelley）在20世纪50年代初期就通过实验发现，不仅衣着和出身等外部因素会影响我们对某个人的评价，他人如何评价某个人也会影响我们的看法，而且仅仅是措辞本身就已经足够干扰我们对某个人的印象了。

在凯利的实验中，学生必须在课堂结束后对新任课老师做出评价。他们事先都拿到了新老师的生平简介。但是，这个简介有两种不同的版本。有一部分学生收到的简介重点描述了新老师心地善良，而另一部分学生收到的简介则重点描述了这位新老师性格冷静且实事求是，这是简介中唯一的区别。

意想不到的是，仅仅是这点差异就已经足够影响学生进行评价了。收到正面积极的简介的学生给这位老师的评价也更为积极；而拿到另外一份简介的学生则认为这位老师自我封闭，而且让人有距离感。

不仅如此，学生的行为表现也不一样。通过简介得知这位老师温暖而善良的学生在课堂上的表现也更活跃。这个现象令人惊讶，因为这些学生是坐在同一个课堂，上同一门课的！

在真正了解一个人之前,"确认偏误"就已经发挥作用了,它不仅影响了我们对这个人的看法,还影响了我们会如何对待这个人。这样一来,我们看到的并不是站在我们面前的这个人,而是我们想要看到的样子。

那么,究竟有没有办法让我们可以摆脱"确认偏误"? 很可惜,并没有。最好的还是当年查尔斯·达尔文运用的办法。他特别关注那些跟他的理论有冲突的看法,时时用这样的方式来审视自己的偏见、观点和信条;此外,他会把相左的意见纳入考虑,思考对方的想法是否更有道理。这样做可以有效纠正"确认偏误"带来的弊端。

猜猜看:公交车在往哪个方向开?

请你仔细观察下面这张图,然后判断这辆公交车正在往哪个方向开。这不是一道陷阱题。学龄前儿童也做过这道题,其中 90% 的儿童都回答正确。

想好了吗? 现在揭晓答案。

大多数儿童的回答是:公交车在往左边方向开。在被问到他们为何做出这个判断时,他们说:"因为看不到可以上车的车门。"

小朋友的逻辑是简单的,因此他们有时候反而可以找到正确答案;而我们这些大人往往把事情想得太复杂,等到终于想出答案,这辆公交车早就开走了。

七大认知陷阱你必须避免

在我的书中,我总是鲜明地指出人们犯错的概率有多高,这多少会让读者感到不安。但是,想更好地做决定,就必须好好了解自己(有时非常糟糕)的判断力,这样才能避免一些常见的认知错误。

我先举一个例子。请你现在想象一下自己在一家很高级的星级餐馆。按照这类档次的星级餐馆的惯例,菜的分量跟价格呈反比。盘中的食物只有一点点,但账单上的数字高到吓人。不过食物本身倒是美味极了。

有一天,你再次光临这家餐馆。这时,你通过一扇虚掩的门得以一窥这家餐馆的后厨,那个神圣的地方。你第一次看到这家餐馆里的厨师,却发现他身上的厨师服没有那么白净,而且上面还沾了不同颜色的酱汁。哎呀,你现在还有胃口在这家星级餐馆用餐吗?

此时,仅仅是往后厨看一眼,就足够让你陷入一个著名的心理错觉——光环效应(halo effect)当中。这种效应主要指当某一特征特别具有主宰性时,它的光芒会掩盖其他所有特征。

在这个例子里,那件脏脏的厨师服让我们很快对厨师的厨艺、后厨的卫生品质和食物的口味做出了负面的推论。直觉上,我们期待一个星级餐馆主厨的厨师服是洁白无瑕的,因为这象征着他是厨艺精湛的大师。帮厨为了烹饪出类似的美味佳肴会弄得到处一团脏乱,但对主厨来说保持厨师服的洁白无瑕是非常容易做到的,而且过程中肯定不会有纰漏。

其实,我们无从推断实际情况如何——有可能帮厨刚好打翻了酱汁,或是主厨正好要去换件厨师服,又或是这位主厨正好想出一道新的菜品,但试做的结果并不令他满意。然而,往后厨看一眼并瞥到不干净的厨师服虽然本质上说明不了任何问题,却足够能让我们的想象插上翅膀。

同样的事情也发生在我们如何看待菜的分量和菜单上。当一盘菜的分量很少,但价格又贵到不可思议的时候,我们会认为它一定非常好吃。但是餐馆这样做也很可能只是为了营造星级餐厅的气氛而已。

眼镜同样会起到类似的效果。很多人毫无根据地认为戴眼镜的人就一定更聪明。但戴眼镜的人其实就是近视而已(摆造型除外),至于他们是否博学多闻又有涵养是我们不得而知的。

在诸如此类的肤浅认知中,最严重的莫过于我们对待外表吸引力的态度,这几乎可以说是我们主观认知的巅峰。如果一个人长得好看,我们通常会倾向于认为这个人肯定富有才华、为人友善且值得信赖。

荷兰乌得勒支大学行为研究学教授亨克·阿尔兹(Henk Aarts)和他的同事鲁德·卡斯特(Ruud Custers)做过一个非常有意思的实验,揭示了视觉刺激对我们的心情、行为和决定有多大影响。

请现在想象一下。你早上走进办公室,一切如常,但唯有一个例外——一张桌子上躺着一个很小的皮制的信封套,里面装的是每个人上个月的工资。

你会觉得这没有什么特别的,照常开工? 其实不然! 尽管你没有意识到你在想着这个皮信封套,但事实上,这个信封套在你心中已经引发了无数联想,只不过这些思绪是你后来才意识到的。

在荷兰学者的实验中,他们观察到这些同事之间在这个简单的视觉刺激下开始有了彼此竞争的氛围。潜意识里,人们互相揣测彼此的财务状况是产生竞争氛围的关键。

这种现象不止发生在与财务有关的问题上。后来,荷兰学者修改了实验内容,在办公室挂上了一幅画,上面是图书馆的照片。觉得这样做没用吗？一点也不！在实验中，他们观察到办公室里的气氛顿时转为和谐。

还有另一个相关的实验虽然给受测者感官刺激，但是也得到了类似的结果：只要在空气中喷些空气清新剂，就能唤起受测者的清洁意识，刺激他们将屋子收拾干净。

这些现象表明，我们的决定会在不知不觉中被一些看上去无关紧要的细节影响。有很多特别有趣的研究可以证明这样的影响可能有多大。这里仅举三个例子：

• 当销售员坐在材质较硬的椅子上时，他在与对方讨价还价的过程中给出的价格优惠更少；

• 当联想到与口渴有关的字眼时，例如"水"或者"饮料"，人们会不自觉地喝下较多水。有些餐馆和酒吧在墙上挂上这类图片，目的就是刺激顾客点更多饮品。

• 在一个实验中，如果受测者在身后的黑板上看到自己心爱的人的名字，他们更容易给出有建设性的反馈意见。

在我与丹尼尔·雷提希（Daniel Rettig）合著的《我思考，故我胡扯》（*Ich Denke，Also Spinn Ich*）一书中，我搜录分析了130多种这类认知偏误。以下我列出其中7种，它们会经常欺骗我们，或者破坏我们的决定。

1. 投射偏误（projection bias）

通过这个名字我们就能猜到，这个术语与投射作用有关。不过这里指的是我们把自己的想法投射到别人身上，然后期待这些想法能像投影仪投射到屏幕上的影像一样再反射回来。

每个人都有过这样的心理：认为自己完全知道另一个人正在想什

么——那就是和我们想的一样。这种心理不仅傲慢,而且对做决定很危险。假如我们错误地相信别人与我们的想法一致或有相同的结论,进而误以为自己的想法是多数意见,最后可能会得到出乎意料的结果,陷入尴尬处境。(还记得前面提到的"阿比林悖论"吗?)

2. 理由效应(justification effect)

假设你正站在超市的收银台前,有人站在你身后问你:"不好意思,我只买两样东西。可以让我先结账吗?"你会如何反应? 你的决定或许取决于你已经等了多久,或者你对那个希望你帮忙的人多有好感。有实验证明,超过半数的人愿意让对方先结账。

但是如果将这个人的问题改成"不好意思,我只买两样东西。可以让我先结账吗? 我现在有个紧急的行程",情况又会如何呢? 问题的前半部分没有任何改变,增加的仅仅是后面给出的理由。这个理由可能会让人相信,也可能不会。心理学家艾伦·兰格(Ellen Langer)和罗伯特·西奥迪尼(Robert Cialdini)做了相关实验,观察在上述情况中,多提出的理由是否让更多人同意对方先结账。结果表明,由于多了个理由,有94%的人决定帮这个忙。

彻底令人惊讶的是第三个实验,这一次这位顾客说:"不好意思,我只买两样东西。我想快点结账,可以请你让我先过去吗?"这个理由听上去像是借口,甚至显得多余,是对每一个智商哪怕只是一般的人的挑衅。然而,结果是,有多达93%的人仍然同意了。两位心理学家因此得出结论:我们对别人给出的理由毫无招架能力,甚至理由本身的好坏我们也一点都不在乎。

3. 框架效应(framing effect)

你永远都不能低估数字的威力,因为我们的大脑会像海绵吸水一样吸收数字，然后根据它们片面解读现实。打个比方，医生告诉你如果用一种新的治疗手段，你的病治愈概率最高有50%。这听上去不错，是吧？乍听上去你很快就可以治愈康复、恢复正常生活了。但是，医生也可能补充说，接受这种新治疗手段后，病患仍然有50%左右的概率无法被治愈。你注意到这里的变化了吗？这就是"框架效应"：同样的事实用不同的框架来呈现会让我们的认知和感受能力大受影响。

4. 默认效应（default effect）

我们在生活中拥有很多自由和权利，但有时宁愿偷懒选择默认选项也不去充分挖掘自己的可能性，这个现象其实就是"默认效应"。在电脑程序中，这是一种由制造商设定的标准设置；在决策过程中，它指的是我们常常选到的选项。默认效应让我们无需做任何改变，因为改变会让我们脱离习以为常的处理方式，走出舒适圈。

默认效应的影响力非常强大，足以让我们在危机中宁愿维持现状，也不做任何改变。打个比方，失业者发现自己所住区域附近短期内不会有合适的工作机会，却怎么都不肯搬家。因为新的工作和新的环境都是不确定的变化，而这种变化对他们来说很大。

5. 权威偏误（authority bias）

我们大可以把这种认知错误理解为"权威信仰"，或者更极端地理解为"盲从"。对此，瑞士作家罗尔夫·多贝里（Rolf Dobelli）有过这样的观察："我们面对权威时会主动降低自己独立思考的能力。所以，比起面对其他人的意见，我们在面对来自专家的权威意见时更粗心大意，也更容易盲从。"

当然，我这里不是在呼吁大家反抗权威。许多专家或权威人士的意见是有道理的,然而,对他们的意见保持适度怀疑并不是件坏事。你是否还记得荷兰皇家航空公司的那场飞机失事?尽管副机长认为飞机在尚未获得起飞许可的情况下不应起飞,但他最后还是遵从了机长的指令,却没想到这样做带来了致命后果。所以,我们不妨多征求点意见,因为就算是经验老到的专家也不免犯错。

6. 回旋镖效应(boomerang effect)

为了做出可靠的决定,我们通常需要搜寻很多资讯。但是,你或许也听过这句话:"对于听到的或读到的内容,只能信一半。"事实上,不断给我们的决定带来问题的恰恰就是这一半。我们常常相信片面的真相,即使后来有新的资讯证明这些片面真相有误,甚至造成了严重后果,我们也不改变最初的片面认识。这就是"回旋镖效应"。

西澳大学的心理学家斯蒂芬·莱万多夫斯基(Stephan Lewandowsky)和乌尔里克·埃克(Ullrich Ecker)通过研究认为,人类心理上的惰性是让我们相信这些片面真相的罪魁祸首。我们不想耗费太多精力去质疑已经获得的(哪怕是片面的)知识,于是,新的、可以修正已有知识的资讯也被我们偷懒排除掉了。

7. 重复效应(repetition effect)

有些人会向我们反复诉说相同的事情,次数多到我们感觉耳朵都听出茧来。政治人物和销售员热衷于这么做,因为多次反复带来的效果是惊人的——假如反复听到同样的论述,久而久之我们就会认同这些内容。广告的运作机制即是如此。

美国密歇根大学社会研究所的学者金伯利·韦弗(Kimberlee Weaver)曾经研究过造成重复效应的原因,结果发现问题出在我们的记忆力上。假如某个说法重复的次数够多，我们的大脑在处理信息时就无法辨别这个说法的来源，记不起到底是谁说的。大脑因此丧失了判断能力，不知不觉地就自动认同了这种说法。这个错误多离谱啊！

六大思维误区你应该警惕

德国诗人海因茨·埃尔哈特（Heinz Erhardt）有句话说到了点子上：人类天生容易轻信他人，容易陷入无知或自欺欺人的状态中。那么，我们之前推崇的直觉是否能让人免于犯错呢？

很可惜，并不能。因为直觉（潜意识）就像是好朋友一样，难免有时会出馊主意。即使是优秀的决策人也没法避免受到那些认知错误的影响。此时唯一的解决办法是提高辨识这些思维误区的能力，好阻止它们误导我们做决定。

许多认知错误深植于人类大脑中，让我们无法看清真相。为了不掉入陷阱，我在这里列出6种常见的思维误区。

1. 概括一切

正因为生活涉及的方方面面太过复杂，我们始终在找寻简化的方法。其中，概括一切这一方法是所有简化方法中最简单粗暴的，好像所有问题都可以用这一个万灵丹来解决，也不管具体情境。

每当某个观点被视为教条或广受赞扬时，你必须对此保持怀疑。不过，你也可以把这些笼统概括作为做决定时的帮手，并发展出个人见解，尽管这样做更费功夫。

2. 先入为主

有时候，我们在做决定时会有这样的感慨："我以前遇到过……"，

"我曾经做过……"，"这并不能让我感到意外……"。毫无疑问，经验是宝贵的。但是，我们也忘了经验具有欺骗性。太常套用同一经验的人很容易把所经历的事情或现象上升为规律和经验法则，由此生出一种虚假的"什么都知道"的自豪感。这常常令他们先入为主，或在倾听别人的时候态度敷衍。他们选择性地感受，只听自己想听的，并相信自己早已了解状况。很显然，这种情况下决策品质会因先入之见而大受影响。

事实上，我们自认为了解或者知道的东西永远只是一小部分而已。因此，我们必须有足够的勇气和健全的自我意识承认自己并非对一切都了如指掌。抵抗先入为主观念的最佳工具是保持好奇心和学习的意愿，即便我们的自尊心可能会因此受伤。

3. "假如……就……"的态度

有时我们会想，"假如我现在能加薪的话，我在工作中就会更快乐"或者"假如我减重几公斤的话，我就会更快乐"。有目标固然很重要；但是，许多人把自己的目标和一种"假如……就……"的前提强行绑在一起，那就是严重的错误了！因为我们其实并不能确定这个关联是否正确。它更像是踏入了死循环：我们追逐着金钱或者假想的理想体重，然后惊讶为什么还是没有变得更快乐。

你必须认识到，并不是目标本身有问题，而是这个关联关系本身是错的。你当然可以决定减重几公斤，但是，之后我们是否会更快乐完全是另一回事。问题的关键是，你是否要把体重看得比自我价值感更重。针对这个思维误区最有效的方法是学会感激并珍惜已有的。你可以培养自己的这个态度，尤其是当你已经取得了某些成就时。

4. 悲观

在做出决定后我们当然应该进行反省，以便改善今后的决策品质。但是就像世间所有事一样，我们在分析、考虑和质疑的过程中可能会过分夸大实际情况。这会产生一种真的可以掣肘一切的悲观主义情绪——我们在决策过程中只盯着错误看，好像最后只是在瘟疫和霍乱中二选一一样。

悲观主义其实是选择性认知和极端主义的表现，其背后隐藏的是追求完美和害怕犯错。过于悲观而无法做决定的人不喜欢有负面的意外，也不喜欢犯错（惧于犯错本身就是种认知错误）。你必须认识到，有阴影的地方必定有阳光，而这是悲观主义者常常忽视的一点。别忘了偶尔把目光看向事情的另一面吧，积极、光明的那一面。

5. 追求别人的目标

周围的环境不仅塑造了自身的态度和想法，也影响了我们如何和做出什么样的决定。这也体现在设定的目标上。有时我们会发现这些目标根本不是发自内心设定的。请想象以下场景：你听到消息，那个在大学时期和你常常玩在一起的同学如今坐上了主管的位置；在朋友圈里，你发现最近有两个朋友升职了。这些消息对你产生了什么效果呢？你会发现，通过比较，你的心头产生了不满和新的自我期待——你也希望自己能升职加薪当主管。这些期待感觉上很像是你自己想要达到的目标，但是又好像不是这么一回事。或许你在目前的工作岗位上其实更快乐；而且你并不喜欢当主管，也不喜欢付出相应很长的工作时间。

这个思维误区会让人以为，很多目标是自己想要的。针对这个错误，可以问自己一个简单的问题，这个问题是面临重大决定时会遇到的："我这么做究竟为了什么？"这个问题可以让我们向前看，并让我们意识到自己的决定是否与长期目标相吻合。

6. 靠直觉粗估概率

把概率纳入决策过程是很常见的方法。我们可以观察事情的结果有多大概率是好或不好的，然后再决定是否值得冒这个风险。如果概率计算正确的话，这么做当然是行得通的。然而，可惜的是，我们常常靠直觉粗估概率，而且还会算错。

认真学过统计学或者有计算概率的天分的人毕竟是极少数。因此，避免这个思维误区是很难的。你可以做的是，一旦相信自己可以基于某个概率来做决定，就问自己一个问题：这个计算方式正确吗，还是只是一个(过于仓促的)预估？想要追求精确点的话，恐怕只能再好好算一遍了。

☞ **你的思维更偏直觉型还是逻辑型？**

行销学学者肖恩·费德里克(Shane Frederick)曾经在《经济学展望杂志》(*Journal of Economic Perspectives*)发表过一篇题为《认知反思及决策》的文章，其中提到一个自我测试，可以检测出你的思维偏重感性/直觉型还是理性/逻辑型。

有兴趣吗？那就开始吧：

假设一个水塘里的睡莲长得特别好，好到睡莲的大小每天都翻一番。最后，睡莲仅需40天就能把水塘完全遮住。

现在问题来了：睡莲要花多久时间才能遮住一半的水塘？

请你完全靠直觉作答！

假如你得到结论，认为 20 天后睡莲就能遮住水塘的一半（40 除以 2 是 20 天），那么很可惜你错了——由此也可以得出结论，你的思维是直觉型的。你把睡莲的爆炸性生长忽略了——它的数字每天都成倍增长。逻辑型思维的人自然而然就能认识到这点，然后得出正确的答案——39 天。当睡莲在第 39 天把一半的水塘遮住时，它只需要再花一天就能把所有地方都遮满。

在本章的结尾还有一个鼓舞人心的好消息：光是意识到上述这些认知错误本身就能够使我们的思维更敏锐，行动更睿智。换言之，人们通常在自己傲慢大意地认为可以安全地做出决定且不会犯任何错的时候，上认知错误的当。

第十四章

买买买！影响消费决策的因素

人们在做决定时常常会面临选择的困境，尤其是当每个选项都看起来差不多的时候。比如"两难困境"（dilemma），它指的是必须在两个选项中做选择，但选择却异常艰难；如果有三个选项的话，则称为"三角困境"（trilemma）；拥有更多选项的话称为"多边困境"（polylemma）。在最好的情况下，你只需要二选一，而且两个选项都还行；在最糟糕的情况下，两个选项都是你不想要的，但你必须做出选择，于是最后只能从中选出相对不那么糟糕的选项。

起源于博弈理论的"囚徒困境"（prisoner's dilemma）代表了一种经典的两难困境。它描述的是共同犯案后被抓的两个嫌疑人在面对警方询问时的一种特殊博弈。

两个嫌疑人分别接受审讯，彼此不能交流。此时，他们有三种选择：

• 如果两人都否认犯罪，由于没有足够证据能证明他们的犯罪行为，两人都会获判较轻的刑罚。

• 如果两人都承认犯罪，那么两人都将获判较重的刑罚；但由于坦白从宽，他们不会被判处最重的刑罚。

• 如果其中一人承认犯罪，那他可以作为污点证人全身而退；但另一人会被他的供词拖累，获判最重的刑罚。

如果遇到这种情况，你会怎么做呢，认罪还是否认？这个抉择的困难之处在于：就算两人双双否认，他们也得一起服刑几个月；然而只要有一人认罪，那另一个被揭发的共犯就成了傻瓜。由于无法通气，他们并不知道对方会不会告密。毕竟世界上已经没有盗亦有道这种事了……也正因为此，警方常常在审讯过程中利用"囚徒困境"让大多数嫌疑人认罪。

在日常生活中，我们极少跟这类纯粹的"两难困境"打交道，因为通常面临的选项会更多，而这也不一定意味着做选择就更简单。这样的"多边困境"在我们的消费决策过程中常常能遇到。以购买服饰为例，据统计，如今的时装产业给我们提供了大约 3678920 个选项。

没有人比美国电视剧《欲望城市》（*Sex and the City*）里的女主角凯莉·布拉德肖更能代表对消费（尤其是对凉鞋、鱼口鞋、轻舞鞋或者细高跟鞋等各种鞋子）的热衷。其中有一集，凯莉告诉她的好朋友米兰达，她正在筹备向银行贷款，好在纽约买一套公寓。但在审查自己的资金流时，她惊觉自己的钱都不知道花到哪儿去了。米兰达翻着白眼，指着凯莉手中那双美到罪孽深重的昂贵的米白色高跟鞋说："你看看这双鞋，这就要 400 欧了。我可以说出你的钱都到哪里去了。你有多少双这样的鞋子，50 双？"

凯莉的鞋癖可谓人尽皆知。基本上每一集里都可以看到她在逛知名设计师的品牌店，比如吉米·周（Jimmy Choo）、普拉达（Prada）、克里斯提·鲁布托（Christian Louboutin），还有她最喜欢的西班牙设计师品牌马诺洛·布拉尼克（Manolo Blahnik）。凯莉曾经说："我就喜欢看到我的钱……都在鞋柜里。"

不仅是凯莉这类购物成瘾的人，事实上我们每个人在日常生活中都会和以下这些问题打交道：为什么我要花钱？我愿意花多少钱买某件商品？进一步的问题是：我如何评估某件商品的价值？我该依据什么做出购买的决定？

我们先退一步去理解这么一个问题：为什么人们会愿意花高价买下某件商品？关于这个问题，我来说一个萨尔瓦多·詹姆斯·阿萨埃尔(Salvador James Assael)的故事。

阿萨埃尔是世界上知名的珍珠商，不过他进入珍珠贸易业纯属偶然。二战时期，他找到路子成为美国军队防水手表的供应商，特别供应给在太平洋战区服役的美国士兵。在这期间他赚了一大笔。可是不久后战争结束，这个生意也做到了头，他手头积压了几千只手表卖不出去。

幸好他很快在战败的日本人那里找到了接手的买家。只是日本人没钱买他的手表，而是用珍珠交换。在20世纪初，日本人就已经发展出人工养殖珍珠的技术。唯独有个美中不足的地方是，日本人的珍珠主要是由波利尼亚境内盐湖的黑蝶贝养育出来的有黑色光泽的珍珠。这种珍珠在当时只有大溪地妇女使用，她们会把珍珠制成耳环或项链，在跳舞时佩戴。

黑珍珠美丽而独特的光泽深深地吸引了阿萨埃尔，让他决定把它们销往美国。但是，美国当时并没有黑珍珠这块市场。当时的美国女性只见过纯白的珍珠，因此对黑珍珠的出现持怀疑态度。阿萨埃尔尝试挑起美国珠宝商对黑珍珠的兴趣，但屡屡徒劳无功。"美国女性对黑珍珠没有兴趣"——这个回应阿萨埃尔常常听到。

阿萨埃尔就这样放弃了吗？不，他有更好的主意。他买下了时尚杂志的全版广告，而且把广告位放在钻石或者其他一些名贵宝石和奢侈珠宝的广告旁；同时他也拜托知名珠宝商友人，请对方帮忙在奢侈品店的橱窗里展示他那些定价高昂的黑珍珠。

阿萨埃尔成功了。突然之间，之前无人问津的大溪地黑珍珠被大家视为充满异国风情的珍宝。那些精致的美国女人开始排着长龙要买用大溪地黑珍珠做成的耳环和项链。高级珠宝品牌如蒂芙尼和卡地亚也搭上这个潮流，在他们的产品线里加上黑珍珠。阿萨埃尔从此成为富翁。

阿萨埃尔这位商人深谙如何利用消费者心理，说服她们购买从来没听说过的商品。他先是分析自己的目标客户群体——那些富有又有名气的女性；然后充分利用这些女性渴望拥有罕见的珠宝并愿意为此付出高昂价格的心理，引导她们相信大溪地黑珍珠就是适合她们的珍宝。尽管在阿萨埃尔费尽心思宣传前，黑珍珠在这些女性眼里毫无价值。

那么，阿萨埃尔又是如何让消费者产生这个印象的呢？其实，他利用了人性的两种基本特点——比较心态和高人一等。从一开始，他就把黑珍珠定位为高档商品。于是，自然而然地，那些女性把新出现的黑珍珠和昂贵的宝石如钻石进行比较。钻石是很多人都拥有的，但大溪地黑珍珠却不然。于是，她们就渐渐有了这样的认知：只要拥有黑珍珠，就可以展示自己走在时尚前端，与众不同。

即便是半个世纪后的品牌，如苹果（Apple）、保时捷（Porsche）和劳力士（Rolex），它们的行销手法也与阿萨埃尔的做法差不多。当然，这些品牌本身也使用了高级的材料，运用了新的技术，因此成本高。但是，商家定下高价更多因为人们相信这些产品能带来独一无二的感受，他们长期灌输这种具有高附加值的"独一无二感"给消费者，最后令消费者相信了这一说法，把原本打算理性消费的原则抛诸脑后。

还需要其他例子吗？例如潮流产品苹果手机。每一次新机发售时，专营店门口的果粉都大排长龙，就为了花900欧元买上最新款。对这群人来说,苹果的定价是完全合理的。但是,如果我们了解到新款苹果手机的制造成本粗估只有210欧元左右,我们还会觉得价格合理吗?

商人和行销专家非常了解,消费者会面临理性消费与冲动消费的心理矛盾。同时,他们也深知要在哪里火上添油,才能让消费者做出更符合商家利益的决定,例如通过定价策略。

价格如何影响消费决策?

在日常生活中,我们常常要和价格打交道。一旦对某件商品产生兴趣,我们的价格意识就会冒出来,关注这件商品到底值不值标出的价格。在对心仪商品尚未感兴趣时,那些价格只是数字而已,对我们来说毫无意义。比如,只有你的笔记本电脑坏了,需要买个新的,这时你才会注意价格。由于你不是每天都在买电脑,所以不免会问:"这东西现在一般得花多少钱买?"

对大多数消费者来说,价格是影响是否购买某件商品的最重要的因素,并且,每个人愿意给出的金额也不尽相同。例如,有人愿意为了买个苹果Mac电脑花上1500欧元,而另一些人则会选择500欧元左右的华硕或戴尔的电脑。同样是买电脑,为什么有人愿意出三倍的价格呢? 仅仅是预算的原因吗?

只能说部分原因是。当下的存款状况对我们的消费行为有着决定性的影响。但据研究,我们是否接受某件商品的价格,个人财力只是部分决定因素,更大的决定因素其实是我们通过直觉判断出的这件商品的价值。

回到购买笔记本电脑的例子。你对这类产品其实是有所了解的,很可能你已经有过这方面的消费经验。同样,你的朋友和同事也都有。所有这些跟笔记本电脑打交道的经验都会融合起来影响你现在对价格的判断。这就意味着，就算你打听笔记本电脑现在的价格，你心中也早就有了个大概的可接受范围，而这个心理价位在你做决定时有很大的影响力。

打个比方，你在第一次购买笔记本电脑时花了 500 欧元，并且使用过程中你非常满意，那么你在下一次购买时就会以这个价格为基准。在你眼里，300 欧元的电脑算便宜的，而 1500 欧元的对你来说就过于昂贵了。从这个例子可以看到，人们最初接触到的产品价格对后续的购物决定影响很大。

在经济学中，我们称之为"锚定效应"（anchoring effect），它指的是人们心中有一个"锚"作为价格基准，即使当下消费的情境与过去已经大不相同，人们还是不愿意接受偏离这个价格太远。

"锚定效应"造成的非理性行为并不罕见，以下对住房市场的研究就是一个例子。在研究中，经济学家尤里·西蒙逊（Uri Simonsohn）和乔治·罗文斯坦（George Loewenstein）观察了跨城市搬家的人对不同地区差距较大的房价做出怎样的反应。结果发现，人们依然会以自己过去习惯的租金作为参照标准。因此，从租金低的城市搬往租金高的城市的人常常不愿接受较高租金支出，宁愿住在空间小、环境差的房子里；相反，过去住在租金高的城市的人在搬往租金低的城市后也不会降低他们的租金支出，而是选择住在空间较大的房子里。

上述两种行为都不是理性的决定。更荒谬的是，丹·艾瑞里、德拉赞·普瑞雷克（Drazen Prelec）和乔治·罗文斯坦三位学者通过研究发现，当"锚定效应"发挥作用时，人们不仅会有非理性行为，而且容易被套路。

三位学者进行了一项实验，安排他们的学生当受测者，进一步揭示了人们是多么容易被"锚定效应"影响。在课上，他们给学生展示了五种不同的商品：葡萄酒、比利时巧克力、一个键盘、一个鼠标和一本关于设计的书。接着，每位学生都拿到一张表格，需要在上面写愿意花多少钱买这些商品。不过在此之前，他们必须把自己的社保号码的最后两位数作为假设的参考价格写下来，比如社保号码为 306 - 30 - 2348 的话就写上 48 美元。

结果是，愿意开出最高价格的是社保号码尾数在 80~99 之间的学生，而那些尾数是 1~20 的学生愿意花的钱最少。参与实验的学生不自觉受到了最先写下来的两个数字的影响，比如对键盘的出价最低是16 美元，最高是 56 美元，价格差距高达 40 美元！根据三位学者的研究，不仅是社保号码，气温数值和建议售价也会给购物的决定带来影响，尤其是当我们还不了解某个产品的时候。

我们必须警惕的是，"锚定效应"会引发雪球效应，暴露决策弱点。时间越久，付出的代价也越大。我们自认为一开始就用合理的价格买下了某件商品，做出了明智的选择。于是，在后来做类似的消费决策时，我们都会参照这个最初的锚定价格。因此，我们必须谨慎对待初次购买某件商品的决定。即便某次购买决定看上去是单一事件，也会给未来一系列的消费决定带来关键性的影响。

此外，在购买某件商品时，我们最好也重新检视心中的"锚定价格"。例如反思一下，我为何愿意花那么多钱买一只新手机？为什么买这杯定价高的星巴克咖啡？如果你持续这样做，久而久之你会为自己的省钱潜力感到惊讶。

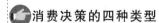 **消费决策的四种类型**

　✓　**高价商品的消费决策**
　汽车、电视机或冰箱这些大件物品并不是人们每天都需要买的。

通常，人们在购买这类商品时不会草率决定，而是会花很多心思了解，进行仔细的评估和对比，然后才做出购买的决定。

这番深思熟虑是值得的，尤其是当你要买的东西还跟你有很深的情感联结的时候。例如，一个摄影爱好者要买一台新的照相机的话，他一定会彻头彻尾好好研究一下哪款型号最符合他的需求。

✓ 特定商品的消费决策

假设你是追剧迷，而由凯文·史派西（Kevin Spacey）主演的美国政治剧《纸牌屋》是你的最爱。假设现在新一季剧集上映了，你会犹豫买不买吗？我想恐怕不会。与上一类需要仔细研究的消费决定相比，这类消费决定不需要耗费太多时间思考。只要是符合自身需求或是自己偏爱的产品，下一次在购买同一系列商品时就不用再花时间思考。你会以过往的了解作为是否购买的依据，不需要其他额外资讯。

✓ 已成习惯的消费决策

每天早上去公司的路上，你都会在街角的面包店买一个夹心面包和一杯咖啡。那家店的咖啡一直是新鲜现磨的，面包也很美味，这些都让你非常满意，常常光顾。你从来不会产生去别家买咖啡和面包的念头，因为这是一种最不费时间的惯性购买。这类消费决策通常用于购买物美价廉的商品。

✓ 冲动型消费决策

你在街边商店的展示橱窗外驻足，看见橱窗里的人偶模特穿着最新款夏装。裙子的材质轻薄而飘逸，格纹图案看起来很秀气，你仿佛看到了自己赤脚穿着这条裙子在沙滩上奔跑的画面。于是你爱上了这条裙子，无法抵抗诱惑不去买它。这类冲动购买的消费行为通常是受到来自广告、橱窗展示、折扣活动的刺激。消费者在亲眼看到产品前还没有明确的购买打算，一看见产品就按捺不住购买的冲动了。

打折背后的卑鄙伎俩

除了受锚定效应影响外，我们的消费决策还受商家的一些行销手法的影响，例如打折——商家会在形式上给出价格优惠，在价目表上写出超大的百分比符号，这是一种刺激消费的有效手段。

前阵子我和几个朋友去了西班牙的马略卡岛（Mallorca）旅游，这是我们每年年初的必去地点。抵达后，我们在巴勒曼大街和火腿大街附近游客聚集的酒吧街区找到了一家还算安静的旅馆住下。接下来的四天里，我们在当地探索美丽的沙滩和酒窖，造访各种地理位置隐蔽的特色餐厅。这一趟可谓是兼具观光和美食的探索之旅。

当然，我们也游览了岛上一些不为人知的地方，扫过了一个又一个集市。在某个星期六，我们到了卡拉纳雅达（Cala Ratjada），我的朋友拉尔斯要买一条夏天穿的短裤。我们的目光不约而同地落在了一家小店上，橱窗上写着斗大的字：买二送一。

怎么说呢，这四个字一下子唤醒了我们的狩猎本能。我心里想："其实我好像也需要一条短裤。再说了，这家店在打折，我可以淘便宜货了！"于是，在店里，我很快找到了一条短裤，还试穿了其他几件上衣。

故事还没结束。我发现，一想到第三件免费，我们的购买意愿突然就改变了。最后，我们买了比原先计划多更多的衣服。

"免费"这两个字对我们来说有神奇的吸引力。不付费就可以得到某样东西会让我们感觉特别愉悦。这种行销手法很成功，没什么能比"免费"更能诱惑我们的了。

这里举行为研究专家艾瑞里教授的一个实验作为例子。他在其供职的大学教学大楼前摆上摊位，售卖两种夹心巧克力：一种是开价15欧分一块的瑞士莲（Lindt）松露巧克力，一种是开价1欧分一块的美国好时(Hershey's)巧克力。

为了让学生更好地了解两者之间的差异，他做了简单的说明：来自美国好时公司的巧克力固然很受欢迎，但是远远不及瑞士莲松露巧克力好吃；此外，相较于好时巧克力脆薄且入口即化的口感，瑞士莲松露巧克力有点硬，而且有颗粒感。结果，有73％的学生果断选择了瑞士莲松露巧克力，只有27％的学生选择了好时巧克力。考虑到学生得到的资讯是瑞士莲松露巧克力比好时巧克力好吃很多，可以认为这是个理性的决定。

接着，艾瑞里在价格上做了些调整，把两种巧克力的价格都降了一欧分。于是，瑞士莲松露巧克力现在是14欧分一块，而好时巧克力免费。

你认为降价不会给学生的选择带来大的影响吗？大错特错！实验中，这番调整让学生的理智瞬间无影无踪了，大多数学生选择了免费的好时巧克力。这个免费的选项大大改变了学生的购买决定。当然，严格说起来，免费获取的就不能称为购买，毕竟不需要为此付一分钱。那么为什么学生的选择会发生变化呢？很简单，"免费"二字拥有让人们丧失大脑理性权衡能力的力量，它让我们在不知不觉中做出了不利于自己的决定。当我们在两件商品之间做选择时，我们会被引诱去选择那个突然冒出来的免费的、但实际上较差的商品。

举一个例子。假设要你在一张票面价值为5欧元的电影院免费抵扣券和一张需要花5欧元买下的票面价值15欧元的抵扣券之间做选择，你会怎么选？

假如你有从本书吸收到相关知识，应该可以做出明智的决定选择后者(看吧，读这本书有用！)。然而，大多数人其实会选择免费的5欧元抵扣券。显然我们只要粗略计算就会知道，这是个错误的决定。有了票面价值 15 欧元的抵扣券,你可以舒舒服服地买一张电影票和一份爆米花,并省下 10 欧元;而票面价值 5 欧元的抵扣券虽然是免费的,但如果你在电影院里还要买爆米花和可乐的话,那么你最后亏了还是赚了就不好说了。更何况,5 欧元在大多数电影院连一张电影票都买不到。

行销专家知道"赠送"这两个字会引发我们的狂热。于是当商家想清掉库存产品的时候,他们会很有目的性地利用这点吸引我们消费。例如做买老款咖啡机送几包咖啡豆的促销活动,这对消费者来说通常很有吸引力,尽管大家都知道搭配的咖啡机是老款的。

这种现象其实不仅见于赠送策略中,也普遍见于打折手段中,只不过打折没有赠送影响力那么大而已。因此,在看到打折商品时,我们要尽量克制捡便宜的心态,仔细比较同类产品。愿意多花时间计算的人会获益于自己的精打细算,因为只有这样人们才能弄清楚购买打折商品是不是真的划算。

👉饥饿感对做决定的负面影响

巧克力棒广告里常常出现这样的场景:饥肠辘辘的人一看到巧克力棒,表情顿时就像歌剧女主角唱高音时那样夸张,两眼放光。无论如何,可以肯定的是,饥饿会大大影响我们的决定,而且影响是负面的。

当我们感到饥饿时,所有一切都充满了诱惑。超市购物车里的商品越塞越多,怎么都停不下来。更糟糕的是,我们在结账后会发现账单上列出了很多原本不该买的垃圾食品。

美国斯坦福大学的行销学教授巴巴·希夫(Baba Shiv)针对饥饿感对决策的恶劣影响做了个实验。他将 165 个学生分成两组,安排他们记录一组数字。其中一组学生的任务是记 7 位数字,而另一组需要记的数字只有 2 位。在规定的记忆时间内记完后，他们会被请到一个房间，背诵他们记下的数字。

这个实验目的何在？与消费决策又有什么关系？

其实任务到这还没结束。接下来，学生被请到另一个房间，里面的一张桌子上摆满了各种甜点和蔬菜沙拉，学生可以自行选取。很多实验都会有这样的安排，为了犒劳受测者的参与而提供一些餐点。

真正有意思的是这个任务和这些餐点之间的关联。需要记七位数字的那组学生，几乎都拿了美味但不健康的巧克力甜点；而只需要记两位数的那组学生大多选择了健康的蔬菜沙拉。

希夫由此得出结论：当大脑刚处理完一个高强度任务后，接下来再遇到需要做决定的情况时，就会由感性承担主要责任。于是，他们倾向于选择那些不那么健康，但让人有饱腹感的食物，好赶快满足咕噜咕噜响的胃。

其他学者的研究也得到了相同的结论：饥饿会降低人的自控力，并给人的决定带来负面影响。

例如沙依·丹齐格（Shai Danziger）对以色列法官庭审判决的观察。原则上来说，法官必须客观、中立地做判决。丹齐格观察的庭审是关于收押犯是否可以提前获释的判决。结果令人惊讶。丹齐格发现，法官在庭审休息前后做出的判决大相径庭。在庭审休息（这一期间法官会用餐）后，法官明显更倾向于做出更善意的判决，让更多收押犯获释；而距离法官上一次休息的时间越远，判词也变得越严厉。

由此我们可以得到两点启发。首先，在饥肠辘辘的时候，不要做有深远影响的决定；其次，下次你想和上司谈加薪或者想说服另一半做一笔大额支出时，先跟对方去吃顿好吃的吧！

因纽特人为何买冰箱？

一个好的销售员需要具备专业扑克牌玩家一样的素质，因为两者都需要深谙人性。毕竟销售员的工作重心不在于产品本身，而是跟想买这个产品的人打交道。

作为消费者的我们常常有这种疑问：在做购买决定或者思考买什么的时候，应该听谁的建议好？通常我们会听周围人的建议，例如朋友或者家人。我们信任这些人的判断，在不确定的情况下希望他们提供意见。

其实，一个行销能力强的销售员也能在我们心中取得这样的信任。通过精确定位消费者类型，销售员会用不同方式接待不同消费者，进而影响他们的购物决定。

深谙心理学的商家会把消费者分成 4 种类型。

- 红色型消费者。这类消费者属于实干型。他们要求高，行事风格直接，甚至在初次与人接触时会让人感觉很有攻击性。他们希望合理利用时间来达成目标。红色型消费者充满活力，做出购买决定耗时较少。

- 黄色型消费者。与红色型消费者一样，他们也是外向型人格，但没红色型消费者那么客观。对黄色型消费者来说，商品最重要的是能给人带来乐趣，且能给生活带来变化。此外，他们需要得到他人的赞美和认可。

- 绿色型消费者。绿色型消费者重视人际关系，顾虑他人感受，会回避争吵和冲突，甚至也会回避价格谈判。对他们来说，需要的是能给人带来安全感和保障的商品。

- 蓝色型消费者。蓝色型消费者擅长分析，凡事都习惯弄得一清二楚。他们会提出有批判性的问题，进行价格谈判时沉着稳重，在做购买决定前会深思熟虑一番。

这个消费者类型分类不是我发明的，而是我基于心理学家卡尔·荣格(Carl Jung)的研究拓展而来的。这个分类方法可以帮助销售员更好地判断消费者属于哪种类型，有什么样的消费动机。

举一个旅游行业的销售员面对消费者时的例子。在聊天过程中，他注意到，站在他面前的是可以被有趣和赞美说服的黄色型消费者。于是，销售员不给对方看单调的沙滩照片了，而是给他看各种不同景点的照片，提供晚上可以去哪里购物和聚会的建议，除此之外，还增加了一些有趣的个人经验作为点缀。当然，销售员也没有忘记称赞他已经去过的旅游地点："啊，那些地方您已经去过了？很棒。您一定是因为喜欢这种特殊的氛围才去那里的！"

销售员在和消费者沟通的过程中已经争取到了对方的信任和好感，于是，接下来就要谈谈具体的旅游产品了。是的，现在才进入正题。而且，请注意，到现在都还没谈到价格！

因为价格必须完全隐藏在整个聊天背景中，销售员要先让消费者爱上这款旅游产品。在聊天过程中，销售员必须要先让消费者的脑海中浮现这样的画面——躺在碧蓝的游泳池边，手里拿着一杯鸡尾酒，晚上去夕阳派对纵情欢乐；然后再自然而然引出为实现这样的梦想需要花费多少钱。如果此时销售员再加一句："强烈推荐！我自己都常常去那边呢！"恐怕每个人都会相信他。

因为我们主观上认为在两人友好交谈了20多分钟的前提条件下，这位销售员是从朋友的角度出发把好东西推荐给我们的，但实际上并非如此。

而更糟糕的是销售员接下来抛出的问题："这款旅游产品非常棒，

对吧?"谁要是在这个点上表达了认同,实际上就等于已经坐上了度假的飞机。原因是,当一个消费者正面评价某个产品时,销售员就已经达到了目的——这位消费者已经暗暗给出了有意愿购买的承诺,而且感觉上甚至好像有义务购买。这背后其实是人性的驱动——我们想要做到言出必行。在行销术语里,称之为履行"承诺"(commitment)。

不过,请不要觉得好像每个销售员都是这样跟消费者耍诈。大多数销售员是想着给消费者提供好的建议,卖给他们好的产品。当然,会耍诈的销售员也是有的。如果我们作为消费者可以看出销售员在意的是什么,谈话的过程是怎么进行的,那么,我们就可以掌握主动权,早点认清他们使用的套路和手法。

心理测试:我是哪种消费者类型?

企管类专业作家弗朗克·M. 希伦(Frank M. Scheelen)以荣格的理论为基础,提出"洞见模型"(Insights MDI)及其相关人格测试。以下测试是我跟一些专家自行研发的,它以"洞见模型"里四种不同的颜色类型为基础。它虽然不能替代"洞见模型"及其相关测试,但是能让人快速对自己的整体性有初步了解。想要了解更多的读者,可以搜索希伦研究所的官方网址(scheelen-institut. com),那里有更多分析工具。

这个心理测试由 11 个问题组成,每个问题对应的答案用字母 A、B、C、D 表示。题目为单项选择,选好后,请算出选择次数最多的字母是哪一个,然后对照测试题后的分析结果。现在,我们开始做题吧。

1. 走进一家店,你会跟营业员如何交谈?

● 我从不跟营业员攀谈,而是喜欢自己先到处看看。(A)

● 我脑海中已经有了明确要买的东西,只需要有个人帮我找到它。(B)

- 我看到了一个营业员，对他友好地笑了下，等他有时间过来接待我。(C)

- 尽管并不认识那个营业员，我还是像遇到老朋友一样跟他挥手致意，然后请他帮我找到我需要的商品。(D)

2. 购物时你会带着什么目标？

- 我通常没有特定目标，只是随便逛逛，因为我觉得这样很开心。(D)

- 我的目标是要去买特定的商品，要不是这样的话我也不会出门了。(B)

- 我跟一个朋友约了喝咖啡，突然兴起一起做点什么事的念头，就来逛街买东西了。(C)

- 我有个明确的目标，而且也知道我想要的东西在哪里可以用最好的价格买到。(A)

3. 你想找一台省电又便宜的冰箱，你会跟营业员怎样表达这个需求？

- 我用简短、语意清楚的话直接说出我想要的是什么。(B)

- 我很难用语言来描述，因为买不起最贵的款式让我觉得挺难为情的。(C)

- 我把商品检测基金会①(Stiftung Warentest)最新的检测结果放到营业员面前，拜托他帮我找里面排名第一的产品。(A)

- 我开心地告诉营业员我邻居的冰箱有多棒，然后说要一台同样的型号。(D)

---

① 德国极具影响力的产品测试机构，每年进行 200 多次比较性的产品及服务测试，几乎覆盖日常生活的所有领域。

4. 你所在的城市开了一家新店,你好奇地走进去逛逛。此时,一个营业员走向你,跟你攀谈了起来,并企图说服你在店内消费。你会如何反应？

- 我很喜欢营业员跟我热情地打招呼,我觉得好高兴。(C)

- 我觉得她过分热情了,害我都没有时间自己好好到处看看。(A)

- 我觉得挺好的,这个营业员这么投入,于是我也很兴奋地跟她聊了起来。(D)

- 我很高兴不必浪费时间找营业员了,我把闲聊时间掐短,直奔主题。(B)

5. 你在跟一个营业员交谈。此时,你的肢体语言是什么样的？

- 保持距离,尽可能避免肢体接触。(A)

- 我很轻松自在,身体姿态也很放松。(D)

- 我始终保持警惕,而且也努力让对方感觉到,我知道自己需要什么。(B)

- 我有点紧张,还不太清楚是否能信任对方。(C)

6. 依你之见,一个优秀的营业员应该具备什么样的素质？

- 我觉得有幽默感、热情工作、还知道如何带动我的情绪的营业员特别棒。(D)

- 对我来说,不要浪费我的时间这一点很重要。他必须胜任自己的工作,并且能迅速理解消费者的需求。毕竟,再也没有比让我自己花大半天时间解释需求更烦人的了。(B)

- 我想跟专业能力强的营业员交谈,并且期待专业的谈话内容。(A)

- 我希望他抽出足够多的时间给我,倾听并满足我的需求。(C)

7. 你的汽车性能越来越差，是时候买辆新车了。你已经存够了钱，现在可以买辆贵一点的休旅车享受一下。你会跟谁聊这件事？

- 我的同事。第二天的午休时间对我来说就是很好的聊天时间段。汽车对我来说是身份象征。(B)

- 我最好的朋友。趁这个机会我也感谢对方给我推荐了很不错的车商。(C)

- 我的朋友们。我要邀请他们试乘我的新车。接着，我要在脸书放一张车子的"靓照"。(D)

- 一个也不说，我不想炫耀。(A)

8. 你站在超市的收银台前。在传送带上你只放了一包咖啡、牛奶和麦片。你前面有一位老奶奶把她要买的东西都收进购物袋了，但没有立刻走人，而是在钱夹里掏半天找硬币。你会有什么反应？

- 我耐心等老奶奶弄完，而且当她看上去颇为歉疚的时候，我会告诉她完全没关系。(C)

- 我主动为老奶奶提供帮助，或许她找不到刚好的零钱。(D)

- 我会看看另外一边的收银台是否排的队短一些，如果不是的话那我也没办法。我会利用这个时间整理一下我要买的东西，算算我待会儿要付多少钱。(A)

- 我内心深处愤愤不平，很难克制自己不对此做评论。这种到了收银台前还不好好准备的人总能让我很恼火。(B)

9. 你想买一台新电视机，也看了许多型号。型号 A 的优点是画质好，型号 B 的优点是有很多附属功能。你会怎么做出选择？

- 我没办法一口气做决定。每次添购商品前我都要好好想想。我会推迟做这个决定，先冷静下来好好比较两个型号吧。(A)

- 我不太确定选哪个，为了寻求帮助我转而问了站在我身侧的另

一半的意见。(C)

- 我非常务实地选择了价格便宜的那台。(B)

- 我想要体验 3D 游戏、观看电影或德国足球联赛,画面必须清晰到连球员的汗珠都看得到。所以我根据直觉就能做决定——选有附属功能的那款。(D)

10. 你在一家家具店咨询心仪沙发的价格。营业员说:"这价钱再好不过了,你做出了正确的决定!"你会如何反应?

- 我觉得自己的选择是正确的,迫不及待想赶紧买回家舒服地躺上去。(D)

- 这个营业员给我的感觉挺好的,我相信他的判断。(C)

- 我很怀疑,继续追问价钱的事情。我不会那么容易被他的话影响。(A)

- 沙发的价格、品质和设计的确不错,他说的是对的。假如到货时间也没问题的话,那我就买下了。(B)

11. 你撞见一家超市的店长在训斥一个女培训生,因为后者把商品分类分错了。此刻你的脑海中想到什么?

- 我同情这个可怜的女孩。应该怎么对待员工我也不知道,所以我只是对这个培训生鼓励地笑了笑。(C)

- 店长的行为让我觉得很不舒服,我赶紧走开了。(A)

- 这样做是对的。培训生一开始就要学习怎么正确做事。(B)

- 我离开了这家超市,这样的氛围让人没兴致买东西了。(D)

测验结束。你最常选中的是哪个字母呢? A、B、C、D 分别对应四种不同的消费者类型。你没有表现出明显的类型趋向? 不用担心,我们很少是单纯的一种类型。通常,我们身上综合了两种或者三种类型的一些特质。

以下是每个字母对应的消费者类型的评定。

A：你是思想家（蓝色消费者类型）

你会认真且细心地做出购买决定，为此你需要足够的时间和安静的氛围。对你来说，产品本身是最重要的，你不会被营业员的美言所蒙蔽。你不会抗拒一个优秀的、专业的营业员，但是当对方跟你太套近乎的时候，你会感到厌烦。你不希望和对方做朋友，也不想知道他的人生细节。对你来说，你想谈的只有产品本身。

B：你是实用主义者（红色消费者类型）

你想要买的东西必须符合你的直觉判断。如果直觉认可，你就能很快做决定。你希望直接进入主题，闲聊都是多余的。你喜欢直接且实事求是的态度，并且喜欢给事情定下基调。在面对营业员时，你表现得很有自己的想法，并要求他们也最大限度满足你提出的需求。你充满能量，希望合理利用时间。因此，你对做事手脚慢的人毫无耐心。假如商品符合你的身份地位，或者能让你更有面子，那么这对你来说就是最棒的选择。

C：你是重感情的人（绿色消费者类型）

你待人总是友善而周到。所以，对你来说，别人如何对待你也很重要。在购买商品前，营业员必须先取得你的信任。你认为一个好的营业员会抽出足够的时间倾听，并打消你对某件商品的疑虑。一旦他们赢得了你的信任，你就会是一个忠实的消费者，永远去同一家理发店，在同一个集市摊位上买蔬菜。因为和熟悉的人打交道让你感觉舒适。

D：你是喜欢与人接触的人（黄色消费者类型）

对你来说，乐趣永远是摆在第一位的。你希望购物过程充满乐趣，面对营业员你也表现得轻松自如。在聊天过程中，你希望感受到是在和一个朋友而不是和一个做业绩的营业员聊天。一旦你做了决定，就会希望得到对方的称赞和认可。你想听到营业员说，其他人也是这个想法，你做出了正确的决定。你倾向于冲动型消费，有时候一激动就买了。

这个测验结果意味着什么？其实，每种消费者类型都有优点和缺点，而了解每种类型的缺点也可以帮助我们看清自己的软肋。通过分类法我们也会明白，为什么对有些营业员很快有好感，而对另一些则不然。因为不同类型的人在沟通时可能会引起误会，还有可能在不知不觉中让氛围变紧张。

- 蓝色消费者类型（思想家）：擅长分析，缜密谨慎；但同时可能给人冷漠、斤斤计较且死板的印象。
- 红色消费者类型（实用主义者）：有自信心，但他们的表现可能会被其他人认为傲慢，甚至独断专权。
- 绿色消费者类型（重感情的人）：最大的优点是同理心很强；但也可能被其他人认为固守习惯、敏感、易受伤，因为他们会时不时地认为其他人的言行都是针对他们个人。
- 黄色消费者类型（喜欢与人接触的人）：喜欢跟人打交道，天性爽朗率直；但在有些人眼里，黄色消费者类型表现得很爱装熟，还冒失和肤浅。

小心！百货公司里到处都是诱惑

你知道百货公司什么地方让人很讨厌吗？在那里，你永远会买回你一开始没打算买的东西！德国喜剧大师马里奥·巴特（Mario Barth）曾经通过脱口秀恰如其分地描绘了这个现象：他的女朋友打算去买件夹克外套，结果还没穿过百货超市的大门，她的计划就已经神奇地改了。就好像什么都不记得了一样，她直奔超市入口处的咖啡机套件特卖专区，买下了一套。回到家后，她非常骄傲地展示了她的战利品。"但是，你不是只打算买件外套吗？"男友错愕地问。

这种现象不单单发生在巴特虚构的女友身上，每个人对类似的场景应该都不陌生。为了说服我们消费，行销专家和室内设计师想出了很多方法。例如其中一个最简单的方法：延长消费者在店里逗留的时间。

研究表明，消费者在一家店里停留的时间越长，最后买下的东西也越多。为此，商家必须让消费者在店里感觉舒适且愉悦。首先，设计和室内装潢对购买意愿起了重要作用，毕竟没人愿意在像是堆满货架的仓库一样的店里长时间停留。其次，店里的温度也有影响。据研究，19摄氏度被认为是最理想的温度。它不会高到让消费者汗流浃背；也不会低到让消费者觉得必须动作快点，好赶紧离开这家店。

除此以外，店里的动线设计也影响了我们的购买意愿。现在，请你先闭上眼睛，想象自己在一个平常经常光顾的超市里。你看到了吗，入口处在哪里？大多数超市门店的入口位于右侧，出口位于左侧。相应地，你会逆时针逛完整个超市，每个人都是根据内心的地图在超市里走动。据统计，95％的人天性有往左边绕圈的冲动。此外，逆时针的动线设计还可以方便消费者用右手（绝大多数人是右撇子）拿取物品，让消费者感觉更舒适。

行为研究专家赫伯·索伦森（Herb Sorensen）曾经针对商店的动线设计是否与营收有关联性做了个实验。实验在一家商店内进行，他安排消费者分别以顺时针和逆时针方向逛完整家店然后结账。结果发现，采取逆时针动线的消费者平均消费金额多花了 2 美元。这点钱当然不多。但是请你再算上每年上万的客流量！简单的动线设计就能让我们买下更多东西，给商店带来百万营收。

甚至，消费者逛商店的速度也能影响其营业额。当步伐节奏是舒适的时候，消费者会花时间多看看或摸摸商品。不过社会学家帕科·昂德希尔(Paco Underhill)发现，很多消费者通常都是步履匆匆地走进一家商店。由此，他认为刚走进一家商店的消费者需要一个减速道，例如在店门内与店门外设计明显的过道做区分，或者把商店的广告海报放在过道上，以此放缓消费者的行走速度。这个让消费者减速的方法被称为"阻断"效应(blocking effect)。

除了使用动线设计的方法，还可以通过"制造体验"拉长消费者的停留时间，也就是让消费者在商店里体验到正面舒适的感受。这也是为何我们几乎在所有超市的入口处都能看到色彩缤纷的蔬果陈列区。红灿灿的熟西红柿，翠绿的苹果，你是否光想到这些水果的样子就已经口水直流了呢？没错！商家正是靠这种手段刺激你多消费。

缤纷的颜色和诱人的香气可以增加人们的食欲和购物欲。你可能会拿起牛油果仔细检查有没有熟，或者拿起草莓看看下面有没有被压烂了的。丝毫不意外，通过这番挑挑拣拣的动作，你在购物过程中的急促感没了。

专家研究发现，灯光、香味和特定的声音，所有这些都可以引发消费者积极的感受；比如女性的购物欲在闻到一点点香草的香味后会大幅提升。德国克雷费尔德市的未来商店(future store)曾经尝试过这类方法。在未来商店买鱼是一种特别的体验，因为卖鱼的摊位会播放海涛的声音，空气里还传来腥咸的海的味道。消费者一靠近摊位，瞬间觉得自己不是在超市，而是在某个海滨城市的渔市里。

未来商店这么做的目的是唤起消费者的某种情感，激发他们的幻想。家具店也用同样的方式刺激消费，不仅展示餐桌本身，而且还连带水果篮、桌布和餐具一起展示整个厨房。于是，你不是单一地看装潢布置和这些商品，而是想象着自己跟家人坐在桌前，舒服地吃早餐。如此一来，你已经掉进陷阱了！因为这个想象的画面你太喜欢了，以至于你现在除了餐桌以外，还想把水果篮、桌布和餐具也都买了。

商家的这种策略是将配套产品放在一起展示，诱使人们买下更多东西。于是，在吃芦笋的季节里，你永远会在芦笋旁边看到搭配好的葡萄酒、奶油酱汁和烟熏火腿。可能一开始你只想买一公斤芦笋而已，但此时你看到了其他搭配好的产品，就会心想："好主意！那我就一起买下吧。"于是，你的购物车里就多了一些原本没打算买的。最离谱的情况下，你可能原本只想买一袋牛奶，最后却买了一辆单车骑回家。

消费决策，男女大不同

性别行销学专家黛安娜·佳菲（Diana Jaffé）和薇薇安·梅纳逊（Vivien Manazon）认为，男性和女性在购物时的需求完全不一样。其中的差异不仅体现在买了什么，更体现在他们怎么买。同样是购物，对女性来说是去逛街，对男性来说则是买某样已经计划好要买的东西。

大部分生活必需品是由女性购买的。两位专家的研究发现：90%的生活必需品是由女性采买的，而且她们不光是为了自己，也会给家人或者朋友等其他人买；而男性购买的次数则非常少，即便有也极少是为了他人。

研究表明，绝大多数男性偏好简单的饮食安排，他们习惯下馆子或者叫外卖，希望把采买任务交给别人，最好是女朋友、妈妈或者其他所有愿意包揽这件事情的人。只有绝对必要的时候，比如冰箱里只剩一瓶腌黄瓜了，而另一半恰好不在家，这时他们才会心甘情愿地开车去超市采买食物。

男性更爱去电器行和五金用品店这样的地方。他们乐于为了休闲活动或者自己的体面生活而购物，因为对男性来说，这类购物就好比女性的"逛街"一样是一种享受。

为了分析两性在购买决策上的差异，佳菲和梅纳逊以情侣共同购买新沙发为实验主题进行了观察。

对女性来说，买沙发是一个重要的消费决定。毕竟，这是个影响深远的长期性投资。女性不会仓促做决定，而是会投入时间好好了解一番，比如哪种款式更适合他们的客厅，哪种颜色她最喜欢，哪种材质更耐用。为了寻找灵感，她们会翻阅不同的家居杂志；而有些天性爱聊天的女性还会和朋友讨论她的添置计划，并寻求一些建议。

在有了大致的理想型沙发的概念后，她们会去家具店，评估店里的现货，仔细检查被纳入考虑的款式。沙发坐着舒服吗？做工好吗？整个沙发放在空间不大的公寓里视觉感受如何？有足够的腿部空间吗？她们不仅关注沙发的功能性，还会照顾到身边人的感受。比如她们会问，小孩子活泼好动，这沙发是否足够坚固？或者，在紧急情况下，外地朋友来家里的时候能否在上面舒服地睡觉过夜？

想要满足所有条件的沙发是非常难找到的。然而，单从这些要求来看我们就可以发现，女性是真的想买到她们心目中最好的沙发，而且很难妥协。

你还记得第五章的决策人格类型测试题吗？关于检测自己是完美主义者还是知足者的。大多数女性在这方面是完美主义者。在寻找最完美的沙发的过程中，女性要逛上好几家家具店才甘心，就算距离很远都阻止不了她们。

而男性则完全是另一种样子。根据佳菲和梅纳逊的研究，只有

10％左右的男性会独自选购家具。"家具店对男人来说是最折磨人的地方。"两位专家如此表明。如果一个男人要买沙发，他的要求是沙发必须坐着舒服而且价格在可承受范围内。他们宁愿把一些木板和床垫拖进卧室搭起来，然后美其名曰"复古风"或"工业风"，并颇为自豪地觉得自己的设计很前卫，也不进入一个漫长的沙发挑选过程饱受折磨。

当女性为了一个影响深远的购物决定专注于所有细节并希望获得周围人的认同的时候，男性更喜欢自己就是专家的感觉，因为这会让他们觉得自我价值得到认可。男性对另一半给自己提意见会很敏感。在他们看来，这些意见是对自己专业品位的批评。

两位专家对男性的这种态度的分析是："对男性来说，每次购物都像是一场狩猎。他们想赢，想斩获一些好处，因为这样可以让他们自我感觉良好。"总而言之，购物对男性来说是提升自我价值的工具。

这些两性购物行为的差异常常会引发伴侣之间的争执，因为绝大多数男女双方都不了解对方在意的是什么。因此，我们在对两性差异有所了解后，就能更理解对方。从长远来看，这可以帮助两性一起做出更好的共同决定。

第十五章
择偶：决定爱情的因素

有一见钟情这回事吗？

音乐、舞蹈和缤纷的色彩让罗密欧沉醉不已。他的心脏急速跳动，皮肤感到刺痛。在水池前，他弯下身把冰冷的水泼到脸上，试图冷静下来。这位少年好奇地四处张望，直到视线被一个水族箱吸引。他着了迷一样看着里面的鱼在水中悠游。正看得出神时，一双碧绿的眼睛突然出现在这片蓝色的海洋景色中。

在水族箱的另一头突然出现了一位年轻的女性。她的长发飘逸，拂过脸颊，嘴唇饱满，脸上挂着笑意。罗密欧愣愣地站在那里，烟灰金的头发湿湿地贴在额头上。被朱丽叶的美丽所折服，他咽了下口水，除了盯着她出神以外，已经不能动弹。目光相遇的一瞬间，他们陷入了爱河……

这是一个典型的"一见钟情"的场面。导演巴兹·鲁赫曼（Baz Luhrmann）把经典戏剧《罗密欧与朱丽叶》搬上了电影荧幕，用现代的方式诠释了莎士比亚的这出名剧。

那么，文学和电影世界外的真实世界也有一见钟情这回事吗？还是说，这仅仅是作家和电影导演的虚构和想象？

进化心理学家认为的确存在一见钟情。早在古希腊时期人们就注意到了这个现象，并称之为被"丘比特之箭"射中。对方一个不经意的眼神、一个微笑，或者一次短暂的触碰就已经足够让爱情产生。

根据两性关系治疗师和作家沃尔夫冈·克鲁格（Wolfgang Krüger）的说法，大约有50％的情侣是相互一见钟情的，而另一些人则情侣关系发展缓慢，需要经过长时间以朋友的身份相互了解，或者是在工作共事过程中才逐渐有了好感。在这个过程中他们通常只是关系和睦，直到出现某个"关键事件"一下子拉近了他们的距离。

在择偶时，我们会不断自问：什么类型的人适合我？哪些择偶标准是需要考虑到的？

接下来的内容看起来很不浪漫。但是，无论人们是否意识到，我们在寻找合适伴侣时最先涉及或者说最先考虑的就是人类的原始本能，也即繁衍后代。幸运的是，我们在两性相处的一开始并不会明显意识到这种本能的驱动，而只是有种小鹿乱撞的感觉。

择偶标准，或者说，爱情是如何发生的？

你跟你现在的另一半是怎么认识并相爱的？如果你们是在酒吧吧台前偶遇，或者在朋友聚会上认识，你肯定可以解释为何你当初选择了那个害羞腼腆的男生，而不是那个肌肉男……你没法解释？那你这种情况很符合法国哲人帕斯卡（Blaise Pascal）的观点——感情有理智所根本不能解释的理由。

帕斯卡指的是潜藏在择偶背后的人心深处的动机。关于这方面，学术界有颇多研究成果。

例如美国心理学教授罗伯特·O. 库尔茨班（Robert O. Kurzban）的研究。他考察了一万名参加速配约会（speed dating）的单身人士，研究他们的择偶动机。

　　速配约会是一种有组织的聚会，让有意愿脱单的男女在几分钟内认识彼此。它的基本流程如下：8 到 10 个互不绑定的男女面对面坐着，大家有 3 分钟时间可以交流，感受是否对坐在对面的人有好感。3 分钟后，女士不动，男士换位，直到所有的单身人士都彼此交谈过了。每次交谈后，双方都必须说出是否愿意再次见面。假如双方都表达了积极意愿，就会交换联系方式。

　　尽管每个人都只有 3 分钟时间交流，但库尔茨班却发现，两人之间是否会迸出火花，早在见面的第 3 秒钟就可以有定论。再说一次：3 秒钟！

　　在双方第一次见面时，收入、学历水平、年龄、宗教信仰、是否抽烟，所有这些标准都不重要，只有一个标准起了作用：外表吸引力。

　　什么样的外表是美丽的？尽管答案可以说是见仁见智，但科学家已经为外表吸引力找到几个普适的共通标准。

　　● 对称的脸庞。脸型对称的人很容易让人有好感。有科学家运用镜像手法，通过电脑合成了左右两边完全对称的脸庞（即电脑合成了两个一样的左边脸和右边脸），证实了这个说法。完全对称的脸庞往往比一般情况下不对称的脸庞更有吸引力。

　　● 均衡的比例。女性的腰臀比为 0.7 时象征着其拥有最佳生育能力。虽然时尚界总是在鼓吹女性要瘦，但瘦削的体型其实并不吸引人。从进化的角度来说，追求瘦是没有意义的。而男性的最佳腰臀比则介于 0.9 和 1.0 之间。这个值暗示了更高的雄性激素水平以及更强的性能力。

　　● 光滑的肌肤。平滑而无瑕的肌肤是青春和活力的象征，暗示了我们的身体和心灵的状况，因此，我们也非常重视皮肤护理。传说，当年埃及艳后为了保持皮肤和身体的美丽还在驴奶中洗浴。

- 微黄的肤色。这里说的黄色并不是指暗黄色，而是一种微黄、红润而有光泽的健康肤色。英国约克大学的学者卡门·勒费夫尔（Carmen Lefevre）在研究中指出，相较于苍白或暗沉的肤色，我们偏爱微黄的肤色。有这种健康肤色并不是因为常晒日光浴，而是因为皮肤中类胡萝卜素①（carotenoids）的指数高。

- 长腿。波兰科学家在实验中发现，腿身比越完美的女性显得越有吸引力，而且这与身高无关。科学家在实验中将图片中女性的腿拉长。结果发现，最具吸引力的腿长应比正常比例多 10％，超过 10％就会让人感觉不自然。

- 女性化和男性化的脸部轮廓。成熟的（高而凹陷的颧骨）和幼态的脸部特征（大头，高额头，圆圆的大眼睛，小翘鼻，短下巴）结合在一起可以让女性显得很有吸引力。这种结合了孩子和女人气质的典型代表人物是法国知名影星碧姬·芭铎（Brigitte Bardot）。像这样的女人可以激发男人无意识的关注和保护欲。至于男性的吸引力就复杂多了，因为脸部线条男性化的男性是否真的更有吸引力至今还存在争论。有研究表明，女性受测者偏爱下颚线条明显、眉毛粗浓的男性；但同时，她们忽略了一点，这种高度男性化的特征会让男性显得有侵略性。苏格兰圣安德鲁斯大学的戴维·佩雷特（David Perrett）就发现，工业化发达国家的女性觉得那些有阴柔线条轮廓的男性更有吸引力。

外表的吸引力对择偶有很大的影响力，这当然不是什么具有重大突破的新发现。当人们被问起，他们的梦中情人应该具备什么条件时，大多数人会说出"诚实"或者"幽默"等人格特质。没有人愿意承认他们

---

① 一种天然色素，是体内维生素 A 的主要来源，具有抗氧化、免疫调节、抗癌、延缓衰老等功效。

很看重对方外表，因为这听上去肤浅幼稚。毕竟我们都常听到这样一句话：美丽的外表终究会消逝，但内心的美好永存。

然而，我们潜意识驱动下的行动却是另外一番光景。不然我们为何下班后还在健身房里折磨自己，或者为了让皮肤光滑柔软，在脸上抹上凝乳或敷上黄瓜片呢？大多数人会立马反驳，说这样做仅仅是为了保养皮肤，但内心深处我们知道，在择偶方面，拥有好的体态是一个潜在的加分项。

男性尤其看重另一半的外表。柏林洪堡大学的心理学家拉尔斯·朋克（Lars Penke）联合伦敦和爱丁堡的数名科学家，对参加极速约会（fast dating，一种比速配约会耗时更少的形式）的 20 名女性和 26 名男性进行了研究。碰面之前，所有受测者都需列出他们的择偶标准。于是，无论是男性还是女性都毫无意外地表示性格好很重要。除此之外，男性还表示他们希望找到与自己家庭背景相似、旗鼓相当的女性伴侣。

然而，当受测者在约会结束后被问到愿意跟哪位再次碰面时，他们完全没有按照自己原先的择偶标准来选择。尤其是男性受测者，他们对外表的看重远超对其他标准的看重。有些男性原先还表示希望找顾家型伴侣，结果现在却突然选择了一位完全不想要孩子，但长得非常漂亮的女性。

那么，这是否意味着，只有美国女演员斯嘉丽·约翰逊（Scarlett Johansson）这样漂亮的女性才找得到伴侣呢？完全不是！外表可以吸引异性注意力，但是大多数人并不会在 3 秒钟内就决定自己的另一半，而是会花更多时间观察。毕竟，光有美貌也并不能保证一段好的感情关系。

除了外表外，还有第二个择偶标准在无意识地发挥作用：遗传学。

虽然人们常说"想要抓住男人的心，就要先抓住他的胃"，但是这句话应该改成"先抓住他的鼻子"才对，至少如今许多进化生物学家都是这么认为的。

在动物界，哺乳动物和昆虫都凭借气味分泌物来吸引潜在的交配对象。这种被称为信息素的分泌物也存在于人类当中。就像每个人都有独一无二的指纹一样，每个人都有独特的气味。

信息素散发出的气味带有许多信息，可以让新生儿据此认出自己的母亲。而在择偶时发挥影响的信息素是通过我们的免疫系统加工处理过的。马普所进化生物学家曼弗雷德·米林斯基（Manfred Milinski）通过实验证明，女性仅凭气味就能嗅出最适合自己的男性，让共同后代可以得到最佳基因配置。

"最佳"意味着后代的基因能够抵抗很多疾病。米林斯基安排女性受测者闻不同男性穿过的满是汗味的短袖运动衫（我知道，画面很恶心，对不住！），最后说出哪种气味对她们来说最有吸引力。结果令人惊讶，这些女性受测者选出的男性气味都夹带着不同于她们自身的免疫基因配置，与自己的形成互补。原来我们的汗液中存有这么多信息！

你可能会提出异议，认为汗液和吸引力之间并没有关联。在石器时代，男性普遍穿着兽皮裙到处跑动，那个时期的女性可能还会觉得刺鼻的汗味是吸引人的。现在我们竭尽所能，用肥皂、香水和止汗剂等去除这种刺鼻的汗味。但是，汗液和吸引力之间其实是存在关联性的！用香水之类的东西固然可以遮掩身上的某些气味，但是我们非常清楚，当选择香水的香型时，我们的潜意识里选择的是和自己的气味互补的味道，因此，选择香水绝非仅仅是时尚品位问题。

现在你已经知道，选择伴侣的时候，你在潜意识里会寻找与你的免疫基因配置形成互补的对象；但是就遗传学来说，我们倾向于选择与我们的基因具有高度相似性的另一半。

斯坦福大学的本雅明·多明戈（Benjamin Domingue）针对 825 对夫妇的基因遗传物质做了一项研究，得到了令人惊讶的结果：相较于随机比对两个非配偶关系的人的基因，伴侣之间的基因具有高度相似性。或者，换句话说，基因相似的人更容易走到一起。

为什么会这样呢？研究人员认为，我们通常把外在条件例如身高作为择偶标准。比如一个高挑的女性会相应地选择高大的男性。这种相似性也体现在了两者的基因中。

美国性研究专家约翰·莫尼（John Mooney）的研究进一步指出，早在 5 到 8 岁之间（比择偶期早好多年），我们内心深处就已经有了一个关于梦中情人的理想蓝图。性研究专家将它命名为爱的地图。

孩童时期的经验为我们提供了构想理想伴侣的素材。例如母亲的温柔倾听、拥抱或安慰，父亲的欢笑或怒骂，这些都影响了我们的性格。孩子把父母的这些特质归类为吸引人和令人讨厌两种类型，并在未来择偶时寻找或避免类似的特质。

莫尼认为，正是我们在孩童时期的经验和由此形成的爱的地图，让我们在聚会时只想跟在我们眼里非常有吸引力的人眉目传情，尽管这个人在其他人眼里可能毫不起眼。有些人觉得医生穿白大褂很吸引人，而另一些人则非常讨厌医生条理性很强这一特点。无论是悦耳的笑声，还是秀气的手、小巧的鼻子、可爱的酒窝，在初次见面眼神相遇的那一刻，在坠入情网的那一瞬间，总会有许多很细微的特征让我们觉得被某个人吸引。

美国人类学家海伦·费舍尔（Helen Fisher）认为，狩猎的习性也对我们爱上某人影响很大。无论是男性还是女性，我们都希望征服自己的爱情伴侣。这是因为于我们而言，对方的神秘感在撩拨着我们的心。

费舍尔通过观察一个以色列的集体社区基布兹①(kibbutz)里儿童的互动，证实了上述说法。那里的儿童统一住在集体宿舍，由社区抚养长大。据调查，这些儿童长大成人后，都没有与集体中的成员结婚。费舍尔因此总结道："没有秘密就不会有浪漫的爱。"

此外，费舍尔还提到，障碍会增强人的狩猎欲望。如果一个人很难得到，我们对对方的兴趣就会增强。就像罗密欧与朱丽叶，他们虽然由于彼此家族的世仇无法结合，但是对彼此的渴望却更强烈了。

根据上述内容，我们总结归纳出 4 个影响我们择偶的标准。

1. 外表吸引力

在初次见面时，这是最有决定性的因素，可以说是一种诱饵。尤其是如果对方有漂亮的脸庞、光滑的皮肤和微黄的肤色，会让我们想更进一步了解对方。

2. 遗传学

潜意识会给我们信号，哪个人从基因角度最适合与我们一起繁衍健康的后代。女性有敏锐的鼻子，可以嗅出能够与她形成互补的基因，以保障她的后代有健全的免疫系统。此外，尽管伴侣之间的基因有不同的免疫系统，但整体而言，他们之间的基因组合很相似。

3. 父母的影响

我们的择偶观并不能完全脱离自身环境的影响，在孩童时期观察

---

① 基布兹是以色列的一个特殊产物。在基布兹，人人平等，财产公有，大家从事不同形式的农业劳动，一起在集体食堂吃饭；儿童住在集体宿舍，由基布兹社区人员统一抚养，只有周末才回家与家人团聚。

到的父母相处方式会影响之后如何挑选伴侣。

4. 狩猎本能

我们很少会爱上一个我们已经熟悉或认识了很多年的人。为了让爱火点燃,我们需要一些挑战,去征服那个能够吸引我们的人。

👉陷入爱河的人为何会做出非理性的决定?

当陷入爱河的时候,我们的大脑处于非常状态。我们之所以接收到感觉和情绪,都是因为大脑里面起了化学反应。脑科学家通过功能性磁共振成像(fMRI)了解到,陷入爱河的人有惊人的高浓度多巴胺、去甲肾上腺素和苯乙胺。这些荷尔蒙引发了我们所熟悉的热恋风暴发生时的症状:心跳加速、狂喜、幸福。或者,换句话说,热恋的感受并非由心点燃,而是来自我们大脑中的化学反应。

不过,相应的副作用是,负责做出理性决策的前额叶皮质就不活跃了。简单说,我们在陷入爱河时容易鲁莽,或者过于执着而做出不恰当的决定。

意大利比萨大学的科学家朵娜泰拉·马拉齐提(Donatella Marazziti)通过实验发现,热恋中的人脑中的血清素水平下降了,导致我们像强迫症患者一样,满脑子只想着爱上的对象。同样,热恋中的人专注力也会下降。马拉齐提实验中那些热恋中的人的血清素平均值低于正常值的40%,这也解释了为何热恋状态下的人通常是不太理智的。

第十六章
择业:职场中的选择

你为什么从事这个职业?

两个陌生人无论在什么样的场合认识,比如在会议室、餐馆、酒吧或聚会,他们迟早会问对方这么一个问题:"你是做什么工作的?"这是一个几乎不会出错的问题。它向对方提供一个自我介绍的机会,也表达了我们非常希望了解对方的态度,甚至还可以为接下来的聊天衍生新的话题。

然而比起询问"你是做什么工作的",更有意思的可能是带着探究理由的意味问:"你为什么从事这个职业?"这个问题当然不适合闲聊时间,因为听上去暗含责备或质疑。而如果你回答说:"我就是碰巧进这一行了。"这个回答可能是真诚的,但也可能会让听的人感到不甚满意,因为听起来像是随便找个理由敷衍过去。

大多数人可能还记得,大学毕业前夕父母或朋友问过我们:"毕业后你想做什么工作?"这是个好问题! 许多人会不太流畅地说出自己向往的某个工作场景,想象自己有多么光鲜的履历和顺畅的职场生涯,并且通过工作实现经济独立和自我价值。许多人当时肯定心里在想,我绝对不会找只是在办公室摸鱼八小时然后到点就回家的无聊工作。

我们希望在这份理想的工作里展现个性和真实的自我。每个人都想找到这样一份工作：它能让我们长期乐在其中并得到成就感；能给我们带来挑战但又不会太超出能力范围；能符合个人喜好并提供晋升空间，但又没有太大压力；能让我们有足够的休闲时间来发展爱好，又有足够的时间陪伴家人。对于理想职业我们的要求有这么多，也难怪择业成为人生中最困难的决定之一。

接下来，请你问自己"你是做什么工作的？"这一问题。你会怎么回答？不要想太久，请凭直觉回答。

大多数人的回答是："我是个办公室文员"，"我是个电工"，"我是个房地产中介"，"我是个店员"，或者"我是个老师"等。许多人不用多加思考就会选择这种版本的答案。这种回答也不错，因为光是措辞就透露出我们或许对当前职业是满意的，并且依然怀有热情。

为什么呢？请让我先用另一种方式来回答这个问题，这种回答方式是我们近来常常听到的。例如，你不回答"我是名医生"，而是说"我在市政府工作"或者"我是名职员"。你察觉到其中的差异了吗？没错，第二种回答方式注重向他人陈述我们的工作内容，尤其是我们为别人打工的身份，而不会让人联想到个性。回答这个问题的方式透露出人们对目前职业是否认同：是把它当理想职业，还是纯粹为了赚钱糊口。

回到最初的问题，请你试着回答：你为什么从事这个职业？在面对这个问题时，我们可以分析自身的优点和专长，对比相关的职位，分析就业市场形势，然后选出最好的回答方式。这种方法乍看具有系统性，而且你在本书学到的一系列决策技巧和方法刚好可以派上用场。然而，事实上，我们在择业时并不能如所想的那样做到彻底的独立自主。原则上每个人当然都可以自由选择自己想从事的职业，但是还有一些潜在因素会强烈影响我们的择业倾向。

其中一个是经济因素。当某个行业不景气时，许多人会放弃进入原本心目中理想的行业，转而选择更有经济保障的工作。社交圈的影响是另一个重要的因素。其他家庭成员从事的职业、好友和同学毕业后的职业选择等都会极大影响我们的决定。即便是那些行事风格向来标新立异、与众不同的人，在选择职业上也不是完全自由的，他们会仅仅因为不喜欢跟某个行业的人打交道而刻意排除某些职业，即使这类职业本身可能还挺适合他们的。

除此以外，社会性别角色也是重要的影响因素。尽管近年来男性和女性的职业界限越来越模糊，但据调查显示，学生对性别角色分工的意识仍然非常强烈，比如男生依然想从事技术性和贸易类工作，女生则是偏向医药、社工和艺术类。

这些潜在因素甚至在我们找工作时就有体现。在我自己经营的人才招聘网站（karrieresprung. de）上，每月大概有 200 万人在查询新的职缺。网站给访客自动发送问卷调查，并对他们的匿名回复做统计分析。调查的结果发现，访客每次都是很有目的性地搜索具体的职位，而且是通过身边人和经验得知的职位名称。因此，搜索的结果不会给他们带来新的启示，他们只是在熟悉的工作领域内搜，然后决定想不想要应聘某一个职位而已。

简言之，受限于这些潜在因素，我们无法拓宽视野，只能停留在现有的框架里。因此，如果你想拓宽择业的范围并找到最适合你的工作，就必须开阔视野，想办法跨出自己目前感兴趣的、已知的领域。比如在查看新职缺的时候，刻意关注那些你从未听说过的工作领域，并尽可能去阅读与这一工作领域相关的资讯，尤其是了解从业者的日常工作是怎样的，进入这个领域需要什么条件等。我们所处的新媒体和电子化时代诞生了很多新职业，这些职业是我们多年前绝对想不到的，更别说从这些新职业衍生出来的新的职位名称。如果你还因为上述的潜在因素或不了解而错过机会，那就太可惜了。

追求自我实现还是高薪？

在思考职业选择的时候，我们绕不过一个话题：是追求自我实现还是高薪？

"自我实现"这一名词最迟在 20 世纪 70 年代出现，是当时社会急速扩张过程中产生的概念。经济奇迹让那代人拥有很多选择。工作不再仅仅是为了获得收入，人们也希望通过它找到人生的意义。有趣的是，20 世纪末、21 世纪初的社会却出现了另一个发展趋势，许多人开始追求所谓的"工作和生活的平衡"。这两种追求听上去相似，其实是两种截然不同的观点。

在"工作和生活的平衡"这一观念中，在工作中实现自我终极价值的理想已经不复存在。相反，它暗示了一种（实际上不存在的）对立关系：工作和生活是两个独立的领域，卖力工作的人不是在享受生活。因此，我们必须在两极之间保持平衡。

我觉得这种观念完全是胡扯。工作和生活明明是可以完美地结合和互补的！那种工作与生活无时无刻保持完美平衡的状态其实是不可能实现的，只有职场培训师和作家会兜售这类虚幻的概念来赚钱。

人与生俱来就处于不平衡的状态中。这也是好事，因为不平衡感可以激发我们的事业心和创造力。无数企业家、经理人和其他杰出人士正是因为被内心的不安驱动，始终想要做得更好才成功的。

我认为，所谓"工作和生活的平衡"更多的是涉及人生阶段的问题。就像是在人生的平衡木上，我们在每一个阶段都需要确定新的、符合当下情况的优先序。有时候工作排在最前面，有时候是个人生活。所以，我们要实现的不是工作和生活的绝对平衡，而是把握工作与生活互相搭配的节奏。总有些时候,我们必须每天都在工作时间内全身心投入,有时甚至是每天 10、12、14 个小时。这让我们无法拥有充足的睡眠时间,花时间维护友情也成为奢望。但是这一阶段总会过去,空闲的时间段总会到来。更何况,这种工作与生活节奏的交替本身也可以给我们带来某些平衡感和乐趣。

有些人工作是为了自我实现。他们热爱自己的工作,希望在工作中有所成长,因此并不会细算下班后用多久时间才能平衡过来。但是在过去几年间,职场中必然发生了某些变化,让人与自己的工作(甚至是与心目中的理想职业)产生了疏离感——我认为最大的影响因素是薪资水平。

我们如今必须清醒地认识到,自我实现和高薪当然可能平行发展,但更多时候它们是竞争对手关系,逼我们做出决定:我要从事能让我乐在其中并能自我实现的工作,还是尽可能找高薪的工作?打个比方,如果我们要全身心投入艺术行业,那这份工作可能会收入不稳定,并且一开始带给我们的负担可能远超对自我实现的期待;同样,如果我们去学能在职场派上更多用场的企业经济学,这门学科虽然也还算有趣,但我们的心可能不会那么为之悸动。

选择公司的时候亦然。在小公司里,我们或许可以拥有更多自由空间,更可以展现自我,实现自己的理念,孵育新的项目。这正是很多人梦寐以求的。而在大公司上班,我们可以得到双倍的收入和若干年后晋升主管的机会。更何况,在简历上和朋友面前,说自己就职于比如奥迪而不是什么无名小公司,听上去也更体面些。但是,在大公司里谋事总让人感觉自己好像只是一个大机器上的小齿轮,感受不到自己对整个公司的成功有何贡献。

马斯洛需求金字塔

有一个跟自我实现紧紧相连的心理学概念，那就是马斯洛的需求金字塔，该概念以发起人美国心理学家马斯洛命名。

马斯洛研究人类需求的不同层次，并认为这些需求是像金字塔那样逐层建立起来的。也就是说，人只有低层次的需求先得到满足，才会去追求更高层次的需求。

低层次需求包括人的生理需求和安全需求。生理需求即维持人类生理机能正常运转的需求，如睡觉和吃饭；安全需求涉及财产所有性和工作职位保障等。而自我实现这一需求（自我需求）位于金字塔塔尖，只有当所有其他需求得到满足后才会涉及这一层次。

马斯洛需求虽然是一个简单的概念，但也饱受争议，比如在这个概念里自我实现被视为是一件非常困难的事情——我们必须先解决低层次需求，才有资格谈自我实现。如此一来，根据马斯洛的理论，全世界只有 2% 的人真正达到了自我需求这一层次。所以，如果你正巧有这个"奢侈"的问题，要心存感激了。

马斯洛需求金字塔说明了我们在择业时的核心关键。大多数人都追求实现理想，但又惧于可能的后果，例如想要实现理想自主创业的话就意味着要放弃高薪又稳定的工作。

顺从自己的内心，只专注于自己有动力做的事情，这样做显然会带来很多好处。所有曾经实现过自己目标的人都能想起那种狂喜的感觉。但是，不是每个人的理想和抱负都会实现；反过来说，继续待在看似安稳的工作岗位上也不意味着一定会顺风顺水。

或许，我们讨论择业这一问题时一开始就弄错了方向。尤其是如今"一干就是一辈子"的终身职业日渐式微，"马赛克式拼接型"的职场履历日渐增多。在这种趋势下，"我想成为什么人？"这样的问题越来越显得过时。

不过，请不要误会我想表达的意思。选择某个目标并坚定地带着所有热情去追求当然很重要，但是，我认为，那个"目标"本身是可以随着形势变化不断更换的。换言之，我们要用长远眼光看待自身的职业发展。第一份工作可能是个重要的跳板，是重大的里程碑，但它不会影响我们职业生涯的终点或人生总体目标。而且幸运的是，在当今社会，第一份工作也并不代表终身职业。这并不是说我们可以在择业问题上草率做决定，而是当今社会已经没有"一选（职业）定终生"的压力了。请你再想想人生中其他重要的领域吧，例如你的健康或家庭，想想在未来我们如何将在这些方面想达到的目标与工作上的目标结合起来。

👉高额奖金可以让人做出更好的决定

金钱可以影响决定早就不是新闻了，例如近年来众所周知的国际足联腐败丑闻。除了无处不在的贿赂之外，哈佛大学肖恩·A.科尔（Shawn A. Cole）、马丁·康茨（Martin Kanz）和莱奥拉·克拉佩尔（Leora Klapper）等三位学者还通过研究发现了另一个由金钱造成的影响：员工会因为高额奖金而做出更好的决定。一旦承诺员工未来会获得高额奖金，他们的决定马上变得更顾及长远利益，更具可持续性。三位学者认为，这是因为他们的主观能动性得到了提高，因此在做决定时对各种可能的选项进行了更为仔细的盘查和权衡。然而，也有其他研究指出，这种外在的动力无法长时间维持积极作用。除非奖金数额持续增长，不然效果就渐渐消退了。

跳槽还是留下?

据统计,德国专业技术人才(尤其是信息技术、工程学和医学等领域)平均每四年跳槽一次。并且,值得注意的是,这个跳槽频率甚至高于德国人的平均跳槽时间。据统计,全德国每两名职员中就有一人在任职 10 年后才跳槽。

然而,我们同时也可以见到,现在越来越多人的简历是像马赛克一样拼接起来的。据统计,在劳务关系进入第 2 年时最容易出现跳槽情况。在这之后,有接近 33％的专业技术人才离开了目前所在公司,接近 25％的人会在第 2 年到第 5 年之间换工作,而有约 15％的人一年不到就跳槽了。

行业不同,具体的跳槽频率当然也各有不同。而且,在决定跳槽意愿时,对公司文化的认同感本身固然也是个重要因素。然而,相同的是我们常常在职场中面临这样的两难抉择:跳槽还是留下?

当然,有一些跳槽理由会让人认为合情合理,例如职场霸凌或者无法再长期忍受自己的上司,这些理由可能会让人想越快离开越好。这么做也是对的。

不过,让人产生跳槽的原因并不都这么简单。更常见的情况是员工内心积压了一种闷闷不乐、难以言说的情绪。如果一感到不满就辞职的话会显得鲁莽冲动;辞职信本身当然可以很快写好并递交上去,但是这样的鲁莽也可能会带来些不好的结果。因此,针对跳槽的好原因和坏原因,以下分别介绍几个观点供你参考。

1. 好的跳槽理由

- 失去健康。叔本华说过:"健康不是人生的全部,但失去健康就什么都没有了。"如果工作让人身体抱恙，不管是由于工作环境、压力还是同事，都应该适时踩下刹车，多关心自己的身体健康。

- 目前工作缺乏挑战性。工作中的很多任务并非都具有挑战性，但是，无所事事也不能成为常态。每份工作都需要让人觉得有挑战性的部分，这样才能有成长空间。

- 目前工作前景不明。我们为了在工作中得到成长而努力，希望能实现某些目标。如果在目前的公司看不到任何晋升和成长的机会，这样的公司很快就会失去吸引力，不如去另一家可以提供给你更多前景的公司。

2. 糟糕的跳槽理由

- 当下感到沮丧。每个人都可能因为心情不好而失去做事的动力，有时这种沮丧的状态可能会持续很长时间。但是，任何时候我们都不能因为情绪不佳而鲁莽地把辞呈扔到上司的办公桌上（甚至还在辞职信里夹杂粗俗的字眼）。这样会让双方关系降至冰点，无法好好沟通。要想到，你可能以后还需要上司的帮忙，比如拿到一个好的工作表现评鉴证明。

- 负面评价。没有人喜欢听到上司的斥责，批评永远是让人不舒服的，尤其当批评的内容让你无法反驳或者说中你的要害时。但是，上司的批评本身不该是你辞职的理由。我们应该大方接受批评，即便上司批评的声音很大。要记得，批评过后，工作还是得继续，而且之后的工作进展说不定会变好。不过，如果上司一直无理由地刁难你，而且每天都给你脸色看，那就是另外一回事了，这个情况下你真的应该请辞走人。

- 重大失误。在工作中，犯下某些错误可能会带来非常严重的后果。例如，由于自己的失误，公司丢失了重要客户。通常这种时候人会羞愧地恨不得钻到地下，想干脆辞职算了。其实不必这么想！你应该勇敢承担责任，从中汲取教训，确保自己不在相同的地方犯第二次错。这样的态度更能展现出你的格局和气度。

👉愤怒让决定更理性

标题让人难以置信，因为愤怒通常和理性完全扯不上关系。然而，加利福尼亚州的安德森管理学院的马亚·扬（Maia Young）的一个实验却发现：当人们生气甚至暴跳如雷的时候，反而能做出更理性的决定。

不过，这个实验设计得有点恶劣。受测者需要参与辩论"免提通话系统是否让边开车边讲电话更安全"这一议题。但是在辩论前，实验团队故意设计了一些环节激怒部分受测者。

结果出人意料。在实验中，原本情绪愤怒的人反而更愿意倾听相反的意见，也更愿意重新审视自己的观点，并做出修正。团队认为，情绪愤怒虽然对神经系统产生负荷作用，但是反过来又会抑制人在决策过程中容易犯的一些错误。相较于下意识地希望自己的观点被他人认可，愤怒的人会更愿意敞开心胸接受新的观点和立场。

因此，假如你正为自己的工作感到非常不满，这种愤怒情绪恰恰可能会让你在工作去留问题上做出更思虑周全的决定。

当然，上述那些糟糕的跳槽理由并不是在呼吁大家将就凑合。我们必须把工作中的不满视为反思当下状况的信号和迹象，并问自己以下几个问题：

- 问题发生多久了？

- 这只是暂时的状况吗？

- 我的同事是否有相同的抱怨？

- 我能不能跟我的上司讨论这个问题？

- 工作上我是否还有别的选择？

如果诚实回答这些问题并公平地审视我们现在的状态的话，那么我们很快可以判断出，当下希望跳槽是暂时的不满还是真的有必要。

想要做出更好的决定，就从椅子上站起来吧

在办公室里长期久坐会产生许多负面影响，这个说法想必你早就听说了。德国有份研究报告进一步指出，长时间久坐不仅会损伤背部，而且会让决策能力变差。

德国慕尼黑大学的学者弗兰克·费希尔（Frank Fischer）做了一个实验，将受测者安排到不同的模拟办公室工作。有些办公室里放置了符合人体工学的椅子，有些只放了留言板或者可调节高度的书桌。费希尔之后得出结论：常站着的比长期久坐的受测者平均多出了24％的想法，并且有高出25％的概率可以做出更好的决定。

第十七章

如何为自己的决定辩护?

在决定做出以后,事情还没有完全结束,因为我们有时还必须为这个决定做一番辩护。尤其是当这个决定不仅影响我们自身,也影响家庭、同事或公司时,过不了多久,就可能有人向我们提问:"为什么你会做这个而不是其他决定?"

这其实是件好事。通过向他人交代理由并为自己的决定辩护的过程,我们可以避免做出疯狂或专断的决定。然而,一旦顾虑到事后需要为自己的决定给出理由,我们的决定可能也会因此改变,而且还不是正面积极意义上的。

瑞士巴塞尔大学的本杰明·沙伊贝翰(Benjamin Scheibehenne)做了一个相关的实验。他给 119 名受测者一张慈善机构的清单,问他们是否愿意捐赠 1 欧元。清单有 3 个不同的版本,分别列有 5 个、40 个和 80 个慈善机构作为可捐赠的对象。受测者随机拿到一个版本。被列入清单的除了一些不知名的、小的慈善组织外,也有一些名气很大的慈善机构。此外,做出捐赠决定的受测者被要求必须为他们的选择写下理由。

实验结果是,受测者在面临慈善机构数量更多的清单时会比面临机构数量更少的清单时捐赠得更少。

美国佛罗里达大学的行为经济学家亚乃·瑟拉进一步研究了这一

议题。在实验中，他安排受测者选择不同种类的冰激凌。可供选择的除了经典的巧克力味和奶油味外还有水果口味等低脂健康种类。你或许猜到了——结果是，如果要求受测者必须为他们的选择给出理由，他们会选择健康的冰激凌种类，因为这样做会让他们拥有更好的个人形象，毕竟谁想承认自己只是贪图好吃就想吃脂肪含量高的巧克力冰激凌呢？

如果我们事后必须为自己的决定辩护，就会迫使我们在做决定的时候考虑外部反馈，以便事后拿出好的理由。请你想象一下，你的小孩走向你，问道："爸爸，你当初为什么会跟妈妈结婚呢？"光是想到万一妻子在身边的情况下你答非所问，恐怕已经让你心跳加速了。这种压力非常可以理解。回答不好的话，你可能要在客厅沙发上待上一个星期。

无论做何种决定，身边的人虽然不明说，但都在期待我们说出好理由。无论是换专业、辞职、创业、搬家、染发还是几乎任何一个决定，光说一句简单的"我感觉这样决定是正确的"通常是不够的，而且很可能会让别人露出困惑的表情，好像在说："这是什么烂理由啊？"

很遗憾，家人、朋友或者同事中总会有人来质疑我们的决定。他们这么做虽然没错，但是也给了我们莫大的压力，甚至让我们感到内疚。我们会想，我做的决定明明是对的，为什么还要花半天时间跟他人解释这么做的理由呢？况且，做决定的同时还要给理由，这让做决定这件事本身就不自由了，甚至会让人感觉这个决定是别人做出的。然而，我们又不得不回答别人的疑问。这种矛盾的心理实在太让人难受了！

不过，不同情况应区别对待。如果决定的结果只与自己有关，那我们的确不必再向他人合理化论证一番。但如果这个决定牵涉别人的话，情况就不一样了。比如与配偶有关，或者与好朋友、同事有关，尤其还与上司有关，这种情况下我们必须给出做这个决定的合理理由。不然,这个决定就显得太轻率了,不够深思熟虑。

为何我们想要主动向他人辩护?

除了外部压力让我们必须为自己的决定辩护之外,有时候是我们自己想要主动为之辩护。也就是说,我们会有这样的需求,想要向他人解释为什么我们会做出这样而不是那样的决定。

促使人想要为自己的决定主动辩护的原因通常是不安全感。换句话说,我们关心的其实不是想要论证决定本身的合理性,而是希望得到周围人的认可。所有我们用来装点这个决定的辩护理由,或者任何其他理由,都是为了一个目的——让自己的决定获得他人的认同。

但是,为什么他人的认可对我们意义非凡呢?这背后通常有三个原因。

1. 渴望得到支持

有些决定可能会带来严重的影响,例如辞职创业。创业可能成功,也可能失败。做决定前独自评估这个决定是否正确对许多人来说是对神经的巨大考验。这时候如果有人说一句"这个决定很棒!要是我的话,我也会这么做的!",我们的压力会有所缓解。

当然,说这话的人其实也不知道未来会怎样,但他至少肯定了我们做的决定,而且感觉(至少在道义上)与我们站在同一条阵线上。我们因此觉得好像就不是独自创业了,而是有了支撑,在艰难的时刻可以因为他的这份肯定打电话给他,寻求建议或帮助。不过,也有人会利用他人的这份肯定,在遇到困难时将问题推给别人。他们会说:"当初是你建议我辞职的!"这不仅是不正确的做法,也是性格不成熟的体现。但对这些人来说,这种卸责的话可以在心理上缓解他们的压力。

2．害怕后果

得到他人的鼓励能让我们更有勇气面对未来。潜意识里，我们认为自己做这个决定的原因得到了对方的理解，他们也完全支持这个决定。

我们希望拉拢对方。这样一来，假如有最糟糕的情况发生，我们不至于独自面对，而这个后果也不至于那么令人难堪。况且，我们也无须为此再解释一番了，因为做决定前都已经说明过了。

3．试图塑造一个更好的自我形象

尽管辩护的行为常常源于内心的不安全感，但是它依然可以帮助我们塑造积极的自我形象，至少可以让别人知道我们做这个决定有很好的理由。

于是，我们通过主动辩护的方式，告诉他人我这些决定都是对的，打消别人对我们的行为和决策能力的质疑。我们想给别人这样的印象：这个决定无懈可击，干得漂亮！

不过，为了塑造某个特定的形象而主动辩护也有很大风险。一旦事情有一点点纰漏，这个被建构起来的完美自我形象就会摇摇欲坠。

如何为自己的决定辩护？

大多数的自我辩护常常是自然而然发生的。一旦宣布一个决定，或者被问及为何做出这个决定，我们会下意识给出一系列理由应付所有人。然而，常常被问的人压力会越来越大，久而久之，那些辩护之词越发显得荒唐，而过去坚信自己独立做出这个决定的信念也跌落至谷底。

为了不让这样的情形发生，我们应该好好思考如何辩护是有效的。越有情感牵涉在里头，为一个决定辩护也就越难。你可以参考以下说法，这些说法比较容易说服他人。当然，每个说法也都有缺点。

1. 我已经考察了所有相关资讯

大多数人喜欢在做决定前掌握明确的证据和事实依据。能够提供这类强有力的辩护理由会大大增强做决定的说服力。不过如果你要用这个方法的话，就必须说出资讯的来源。

缺点：用这个方法来为决定辩护一方面需要耗费较多精力，另一方面也需要我们承担更多责任，因为我们必须真的考察过所有相关资讯；一旦缺少其中一条重要资讯，这个决定就会显得过于仓促或不切实际，无论我们之前已经严谨地解读过多少资讯。

2. 我有过相关经验

除了充足的资讯外，经验也是可以说服别人的重要依据。如果自己或者相关人士已经有了相关经验，就等于有了额外的保障，让别人更倾向于相信这个决定是正确的。特别是当做决定的人和听取辩护理由的对象之间存在信息不对等的情况时，这种方法尤其管用。

缺点：并非所有的经验都可以随意复制。在日常生活中，无论我们已经做过多少决定，仍然会面临未曾遇到过的情况，需要做出新的决定。因此，如果这些经验与当前的情况并不完全吻合，那它们就不能算相关经验。

3. 我完全出于善意

必须承认，这是一个充满情感的辩护说辞，因为这种说法不仅有道德上的诉求，还重申了自己的真诚。这是一种修辞技巧。我们强调自身的出发点是善意的，把球踢回给对方。最后轮到对方必须解释，为何这是一个(道德意义上)糟糕的决定。

缺点：徒有善意并不能做出好的决定，而且一旦做出的决定造成灾难性后果，就算原本是出于最大的善意也无济于事，做决定的人无法在事后为这个决定辩护。

4. 我想满足所有人

这又一个充满情感的辩护说辞。语带妥协的表态会让人听着很舒心，因为这意味着做决定的人将众人的福利作为做决定时最先考虑的因素。大多数人听到这个辩护说辞时会觉得自己的需求有被照顾到，会感到非常暖心，因而倾向接受决策者的决定。

缺点：想要满足所有人的人总会在某个时间改变自己的立场，做出连自己都无法完全赞同的事情；更糟糕的是，这番说辞有个不好的暗示——当我们说想要满足所有人的时候，潜台词是在为自己的决定感到抱歉，没有尽可能做出最好的决定。

第十八章
完美的决定是否可能？

读完上面一章，或许有人觉得可以反向思考：如果我们可以为自己的决定辩护，是否代表这个决定是成功的？当心，这是把"因"和"果"给搞混了！事实上，我们总能找到理由来解释为何做出某个决定——即便这是个错误的决定，例如给出似是而非的理由，运用一些充满情感的辩护说辞，或者说自己在做决定的当下也找不到更好的办法。想找理由来解释总是可以找到的，但这并不意味着决定本身是成功的。

那么，如果我们做的决定最后达成了最重要的目标呢？是不是就能说这是个成功的决定？就好比每个买香水的人都希望买到的香型闻得舒服且芬芳持久；选择餐厅时，都希望能享受到一场美食盛宴，度过一个愉快的夜晚。每个决定都得符合诸如此类的目标才能称得上是成功的。那么，这等于说目标达成了就算成功吗？

这么说乍听上去没错，实则不然。我认为，一个决定"成功"与否不等于它是"正确"还是"错误"的，尽管很多人把它们当做同义词。

太难理解？说一个我个人的案例吧。2011 年，在从事新闻业 20年后，我离开了这个行业。在那之前我已经在新闻业担任过许多职位，也取得了一定的成功。我做过电视节目、摄影师，撰写过封面故事，做过版块编辑，带过团队……但是，这一切越来越像是例行公事，让我看不清前景。仅仅为了有朝一日名片上写着"主编"二字而继续做下去吗？那对我来说没什么吸引力。

但是，那时如雨后春笋般出现的社交媒体让我非常着迷，尤其是博客。我看到了一个巨大的、尚未被开发的媒体出版市场，可惜当时并没有很多同事认同我的看法。他们预感这又是一个互联网泡沫，认为我高估了社交媒体和互联网的作用。

然而，当时的产业界观点与我一致。于是，我以社交媒体经理的身份投身产业界，为德国科隆市的一家电力公司制订社交媒体策略。这是一份非常有挑战性的工作。毕竟，通常电力公司与大众之间不会产生强烈的情感联结，谁会当一家电力公司的粉丝呢？

结果，我让这家电力公司光是脸书账户就拥有 33000 个粉丝，而且公司的博客也因内容优质获得一些奖项，得到很高的关注度，影响甚远。

但我这个决定是成功的吗？

毫无疑问，这家公司实力强劲，同事也对我非常好。但是，这是我的未来吗？尽管我实现了一些目标，甚至有些还超额完成，但是，我快乐吗？

我不快乐，其实我在心中酝酿了很久想要自主创业的想法。而最迟在这家公司任职的第二年里我就开始意识到，在公司里任职并不适合我。公司开会频繁，做一个决定要花很长时间，而且员工做的汇报工作比实际推进的事情还多。

幸运的是，我当时只签了一个两年期合同。合同终止意味着是时候做出重大改变了。重操旧业非我所愿，而目前的工作对我来说也丧失了吸引力。"此时不做，更待何时？"当时我心里想着，"现在是最好的时间点，勇敢跨出自主创业的第一步。"

现在看来跨出这一步特别简单，但在当时绝非易事。我常常会在晚上睡觉时汗流浃背地醒过来，问自己："你现在在做什么啊？是不是疯了？你有老婆和孩子！"

自主创业当然很好，假如能成功的话。在从零起步的初创阶段，需要自己亲力亲为地把组织架构搭起来，所有事情都要自己做。这需要花许多力气，要有纪律性和毅力，并且要对自己的决定有信心。现在的我毫不后悔当初做的决定；但是在那个时候，我一直都在自我怀疑——幸运的是，我有几位好友陪伴。

为什么我要讲这些呢？因为这件事涉及两个决定——直接创业和绕道去业界公司，而且这两个决定都可以说是正确的。但是，回溯过去，我发现那个绕道去业界公司上班的经历并不是一个成功的决定。它让我把实现自主创业梦想的时间推迟了整整两年。

有些人可能会说，绕道或许也是重要的，因为只有这样才能看清什么是更好的选择。有时候，走弯路比走直路还能更快到达终点。这个说法是有道理的。其实两个决定都是正确的，但是在判断哪个决定是成功的时候就有了差别。

做出决定后，事情可能向与预期不同的方向发展，甚至可能往完全没想过的方向发展，不过说不定结果反而更好。一个事后被判断为错误的决定，可能从理论上来说是成功的。这乍听上去有点矛盾，实际上遵循了一个被认为与人类进步密不可分的常见方法——试错（trial and error）。

接下来的观点就有点哲学意味了。我认为，凡事不必一开始做时就达到完美，在大多数实际情况中根本不是如此。更多地，我们是在尝试不同的可能，寻找事情的关联性，从错误中学习后继续尝试。因此，每个决定无论结果多荒谬，就长远的角度来看，都会让我们离目标更近一些。从这个意义上来看，这个错误也是成功的。

我觉得这一观点非常鼓舞人心，因为它提醒我们不该把视野局限于关心一个决定当下是否成功，而是更应该多关注能从中得到什么和学到什么。

不是每个人都能第一份工作就找到理想职业。许多人在尝试一两个职位后就改变了心意，因为他们发现这份工作和原先想象的不一致。这是不是很令人生气、沮丧？固然是的。而且认识到自己误解了某份工作或者错估了自己，不仅会令我们的自信心大受打击，而且离职的话还会让简历上出现难看的空白期。但是，这个决定就因此是错误的吗？

其实不然。就像以下这个图案显示的，我们能看到什么取决于我们把头倾向哪一边。

做错决定怎么办？

有时，事情就是这么发生了。我们曾经以为正确的决定，事后证明是错误的。于是我们懊悔不已："鬼知道我那个时候在想什么啊！"但这时再怎么后悔都没用。

想象一下，一个扑克牌玩家被自己的一手好牌蒙蔽，一次性押上了他所有的筹码。结果他非但没有赚到钱，还输得一塌糊涂，一切成空。

幸好大多数错误决定不会这么戏剧化，也不会对未来的人生造成多大影响。比如我们决定周末去德国南部度假，订了旅馆和机票，结果正好这个周末下起了大雨。天气预报报道，这是一年中雨量最丰沛的两天。碰上这种事是很倒霉，但最多让人生气一小会儿，绝对不是什么让人气愤很久的事情。

但是也有一些错误决定是会让人哪怕好几年后都羞于跟朋友提起的，即便那个错误决定在这期间已经往好的方向发展了。这样的状况我们该如何面对呢？

在这个问题上，我们可以问自己：为何事情会发展到这个地步？我们为何会做出错误的判断？

针对这些问题，你可能会有如下回答。

1. 吸收了错误的相关资讯

无论花多大力气做相关调查、掌握相关资讯，都并不能让人免于犯错。原因是，资讯也可能有欺骗性。例如，人们坚信已经把想入职的公司的所有重要信息都调查清楚了，结果进了公司后发现实际情况完全不是那么一回事：办公室氛围压抑，工作任务无聊，没有个人发展空间……

错误的资讯也有可能源于错误的信息渠道。他人的经验不一定会和自己的感受一致。有些经验被美化了，有些是他人杜撰出来的，还有一些资讯严重过时。尤其是互联网上的信息，很多人会忽略搜索引擎不一定会把最新的结果放在搜索结果列表的前几页，而是根据人工智能算法把最具相关性的放在最前面。在如今迅捷发展的时代，很多事可能在几个小时内就发生了巨大变化。因此，基于错误或者过时的资讯而做出判断的状况就越来越常发生了。

2. 搞错了

很可惜，即便拥有了正确的资讯，那也只是掌握了一部分内容。我们还必须对这些资讯做出正确的诠释。之前在第十三章，我们已经知道大脑多么容易陷入思维错误的陷阱并做出错误的决定。

犯错可能是压力造成的，或者是因为正在兴头上。例如，有时我们带着很高的期望值，迫不及待地签下买房或租房合同，却忽略了合同的细节条款或房子的隐性弊端，而它们很可能会带来很大的灾难。

3.被骗了

做出错误决定的原因不一定都在于自身，也有可能是他人故意设陷。他人向你传达有目的性的错误信息或者错的建议，你被诱导做出某个决定，承受了相关后果，而那个骗你的人却毫发无损。

尽管我们可以事后用法律手段追溯并缩小被骗的损失，但即便告上法院也不一定能成功。因此在做类似决定之前，你必须反复问自己对方有没有可能因为你的决定而获益？如果答案确定是"不可能"的话，那么你受骗的可能性就大大降低了。

4.运气太差

这个答案让人感到非常沮丧，因为这意味着我们其实没法做什么改变。你已经做对了所有事情，你搜罗遴选了所有最新的相关资讯，你没有匆忙行事，也没有被骗。但结果你还是彻底失败了，你感觉自己实在太蠢了。比这种无由来的不公平更让人感到痛苦的是，你意识到未来也不能做什么来纠正这个错误。毕竟你可以从错误中学习，但不能从霉运中学习。唯一值得安慰的是，这种倒霉事每个人身上都会发生。

没有任何方法可以保证人一定不会做出错误的决定。我们能做的只是通过反复练习（以及阅读这本书）把犯错的可能性降到最低。不过，想要彻底避免犯错或者霉运是不可能的，而且事实上也没必要。更关键的是我们如何面对已经做出的错误决定。

决策失误后的亡羊补牢

每个人都会记得一生中最严重的错误。一想起这个错误，我们的心头马上涌入许多负面的情感。所有人都有过因为某个错误决定而面对其后果的经历，比如让钱打水漂，因为说谎失去朋友的信任，或者由于任何其他原因铸下大错。这会唤起我们的一种强烈的负面情绪——羞愧感。

没有人会心甘情愿在他人面前承认自己曾经做出了错误决定。这会让自己陷入窘境并信用尽失，也会让人觉得自己非常渺小——即便再厉害的天才也会因此感到渺小，觉得被人抓住了弱点，暴露了缺陷，或者觉得自己不可思议的蠢。除此之外，我们还提防着他人的幸灾乐祸。因此，我们必须有足够强大的心灵才能不把别人的话放在心上，甚至还能自嘲。

加拿大康考迪亚大学的心理学家伊莎贝尔·鲍尔(Isabelle Bauer)研究了这么一个问题：怎样才能更好地克服羞愧和后悔感，而不是好几个礼拜甚至好几个月都为此耿耿于怀？她首先问每个受测者：曾经做过哪些错误决定？有过哪些相关的感受？毫无意外，受测者光是回忆起这些经历就已经感到痛苦万分了。接着她问受测者，是否相信其他人做类似的决定很可能结果会更糟糕。结果，当意识到其他人有可能会碰到更大的问题时，他们更快摆脱了羞愧和后悔感。

事实上，把他人的相似经历拿来做比较这种方式最能克服羞愧感。周围人都注意到你的决定是错的，并且结果很糟糕，这固然会让人感到痛苦。但是后悔的感觉总会过去，否认和粉饰太平都只会让折磨的感觉更持久。

此外，即便做了错误决定，也不代表世界末日即将到来。我们不妨正视自己的错误，亡羊补牢，把事情做更好。以下三点是我的建议。

1. 不要反应过度

当发现决定是错的时候，消极和过分的悲观主义都是错误的态度。你必须避免使用夸张的字眼，例如"浩劫"或"灾难"。据统计，虽然你当下感到很恐慌，但是高达99％的错误决定都没那么糟糕。此外，恐慌过度的人常常会陷入盲动，把一个原本很小的错误搞成不可收拾的大问题。

2. 关注正面积极的那一面

每个错误决定都能让人获得一些正面积极的内容。想一下哥伦布的例子吧。他原本是想找到去印度的捷径，结果他没有找到印度，却发现了美洲新大陆。再比如斯潘塞·西尔弗（Spencer Silver），1968年，他原本想发明一种强力黏着剂，却合成了一种可重复使用的胶。这种胶可以贴在任何地方，但黏合效果很差。阿瑟·弗赖伊（Arthur Fry）根据这个结果错误的实验发明了现在的便利贴纸——美国杂志《财富》将其列为20世纪最重要的发明之一。你看，即便从错误判断中，我们也能找到有用之处，甚至得到重大收获。

3. 请换个方式继续努力

发生的事就是发生了，而且是过去时了。总是把思绪围绕着过去并不会让未来的决策更好。你必须意识到，问题只能在未来解决，纠正错误决定亦然。我们只能从错误中学习；假如必要的话，去请求别人的谅解，然后换个方式继续努力。同样的错误不能犯第二次。如果出现第二次,就不叫错误了,而是有意为之的选择。

👉**走到生命终点时刻我们会后悔哪些事?**

在人的一生中,我们或许会因为很多事情而感到后悔,希望它当时不曾发生或者最好以后也完全别想起来。但是,从长远角度来看也是如此吗? 换句话说,在弥留之际,我们会后悔做过哪些决定?

当然,这是个触及情感层面的问题。澳大利亚临终看护病房的护士布罗尼·韦尔(Bronnie Ware)曾经陪伴许多人走完人生中的最后一段路,因此可以贴近了解这些人在生命最后时刻后悔的是什么事。她把这些观察写进了《临终前最后悔的五件事》(*The Top Five Regrets of the Dying*)一书中。在书中,她总结了五种人们会在临终前后悔的主题。

- ✓ 后悔未能忠实于自己。
- ✓ 后悔花太多时间在工作上面。
- ✓ 后悔未能表达出自己的感受。
- ✓ 后悔与朋友失去了联络。
- ✓ 后悔没有让自己更快乐。

以上这几点不仅透露出人的一生最重要的几件事是什么,同时也让人反思:有些让我们在日常生活中非常纠结的决定,从长远角度来看其实并没有以为的那么重要。

过去的种种决定使我们成为现在的自己,无论是好的还是坏的。有些事不会改变,但是我们可以改变赋予它们的意义,因为这意义由你决定!

后 记

荣耀属于值得感谢的人。在这里,我想向所有直接或间接支持了这本书的人致谢,是他们让这本书的出版成为可能。首先,我要感谢我的太太斯尔克和我的两个儿子。他们再一次宽宏大量地理解我连续几小时、几天甚至整个周末彻底从家庭生活中退出,以便让这近 15 万字成为一个有意义的整体。

其次,我要谢谢一直负责我的图书出版工作的文学经纪人贝蒂娜·奎菲尔特(Bettina Querfurth),是她鼓励了我,让我不仅写了一本新书,而且是一本关于做决定的书——做下出书决定的时刻我们在天台上喝着浓缩咖啡。我很期待下一次我们一起喝咖啡,贝蒂娜!

再次,我也非常感谢我的职场圣经网的编辑团队,尤其是尼尔斯·瓦肯汀(Nils Warkentin)。在搜寻资料的过程中他积极协助我,让我免除了后顾之忧。

最后,我要感谢我的出版社编辑卡塔琳娜·费斯特纳(Katharina Festner)。她给了我非常有价值的意见。我也要感谢无数职场圣经网的读者,在过去用评论和回馈的方式给了我很多启发和修改意见。尤其要特别感谢的还有我的朋友们,这本书里也借用了他们的一些经历和故事,感谢你们!

如果你对这本书的主题或者超过 3000 个职场建议及相关研究有

兴趣的话，可以在互联网上找到我：

主页：karrierebibel. de

人才招聘数据库：karrieresprung. de

社区：karrierefragen. de

脸书：facebook. com/karrierebibel

推特：twitter. com/karrierebibel

Instagram：instagram. com/karrierebibel